Cómo ayudar
a los hijos
de padres divorciados

Dra. Lizi Rodríguez

con la colaboración de Margarita Montes

Cómo ayudar
a los hijos
de padres divorciados

AGUILAR

De esta edición:
D. R. © Aguilar, Altea, Taurus, Alfaguara, S.A. de C.V., 2003
Av. Universidad 767, Col. del Valle
México, 03100, D.F. Teléfono 54 20 75 30

Distribuidora y Editora Aguilar, Altea, Taurus, Alfaguara, S. A.
Calle 80 Núm. 10-23, Santafé de Bogotá, Colombia.
Santillana Ediciones Generales, S.L.
Torrelaguna 60-28043, Madrid, España.
Santillana S. A.
Av. San Felipe 731, Lima, Perú.
Editorial Santillana S. A.
Av. Rómulo Gallegos, Edif. Zulia 1er. piso
Boleita Nte., 1071, Caracas, Venezuela.
Editorial Santillana Inc.
P.O. Box 19-5462 Hato Rey, 00919, San Juan, Puerto Rico.
Santillana Publishing Company Inc.
2043 N. W. 87 th Avenue, 33172. Miami, Fl., E. U. A.
Ediciones Santillana S. A. (ROU)
Cristóbal Echevarriarza 3535, A.P. 1606, Montevideo, Uruguay.
Aguilar, Altea, Taurus, Alfaguara, S. A.
Beazley 3860, 1437, Buenos Aires, Argentina.
Aguilar Chilena de Ediciones Ltda.
Dr. Aníbal Ariztía 1444, Providencia, Santiago de Chile.
Santillana de Costa Rica, S. A.
La Uruca, 100 mts. Este de Migración y Extranjería, San José, Costa Rica.

Primera edición: septiembre de 2003

ISBN: 968-19-1203-9

D. R. © Diseño de cubierta: Antonio Ruano Gómez
Diseño de interiores: Times Editores, S.A. de C.V.

Impreso en México

Índice

Para Pablo

Prefacio

Estudié terapia familiar, psicoeducación y terapia de pareja con el convencimiento de que, si las personas aprendían nuevas y mejores maneras de comunicarse y de resolver sus problemas, podrían evitar un divorcio. Durante muchos años me dediqué a aprender un sinnúmero de estrategias de comunicación, técnicas de manejo de conflicto y métodos para mejorar la intimidad con la esperanza de brindar ayuda a cualquier pareja que entrara en mi consultorio. Sin embargo, las cosas no siempre resultaron bien. A lo largo de los años fui conociendo a varias parejas que tenían la intención de salvar sus matrimonios y que conocían estas estrategias prácticamente de memoria, pero que se habían ido desvinculando por distintos motivos —quizá sus caminos vitales se habían distanciado, o habían perdido el deseo de estar con el otro, o se habían dado cambios en un nivel personal que eran impredecibles al momento de casarse, o las estrategias les funcionaban cuando todo estaba bien pero a la hora de enfrentar un problema recurrían a patrones aberrantes de comunicación que, al crear resentimientos y huellas, fueron minando el amor.

¿Qué estaba pasando? Yo hacía todo lo necesario y, a pesar de ello, algunas parejas salían de mi consultorio con la firme convicción de divorciarse. Me entristece reconocerlo, pero con el paso del tiempo descubrí que no todos los matrimonios pueden ser salvados y que, en ocasiones, ni la buena voluntad ni las muchas técnicas pueden hacer que una pareja permanezca unida.

Es precisamente para estas parejas —y para todas las personas que están cerca de ellas y de sus hijos, como pueden ser los abuelos, los hermanos, los profesores, los amigos— para quienes escribo este libro, pues si bien en ocasiones no es factible ayudar a dos personas a salvar su matrimonio, sí es posible ayudarlas a transitar por el proceso de divorcio de la mejor manera. Estas personas necesitan ayuda para salir adelante, para entender que lucharon lo más que pudieron y que lo siguiente es encontrar una nueva manera de estructurar su vida, no rehacer, pues no considero que un divorcio *deshaga* la vida, simplemente la cambia, la trastoca, y como todo cambio, duele, duele mucho. Los divorciados deben aprender a caminar como buenos padres, compartiendo la crianza de los hijos y *siempre* buscando su bienestar. Deben comprender que el divorcio, aunque dolorosísimo, también les da la opción de salvarse individualmente, de rescatar a sus hijos y de seguir siendo padres. Siempre padres. Pues un buen padre *nunca* se divorcia de sus hijos.

Introducción

Para un juez de lo familiar, un divorcio puede ser uno más de los tantos papeles que se acumulan sobre su escritorio. No obstante, para las personas que deciden divorciarse, el divorcio es mucho más que la institución social que hace posible la disolución del matrimonio.

Los datos respecto al divorcio son contradictorios; algunos expertos señalan que 50 por ciento de los matrimonios que se efectúan en México, terminan en divorcio, y que "el promedio de vida conyugal de una pareja es de siete años, siendo los tres primeros cuando 50 por ciento de ellos se divorcia".[1] Por otro lado, según el Instituto Nacional de Estadística Geografía e Informática (INEGI), "el número de divorcios registrados en México disminuyó 58 por ciento de 1992 a 1995: en 1992 se alcanzó la cifra de 51 953 casos; para 1995 sólo se registraron 30 557 divorcios".[2] Este dato aplica sólo para aquellas personas que completaron el trámite le-

---

[1] "Divorcio por intereses económicos", *Reforma*/Terra Noticias. http://www.terra.com.mx/noticias/articulo/015303/pagina2.htm. Abril 17, 2003.
[2] "Aumentan las separaciones en México", *Reforma*/Terra Noticias http://www.terra.com.mx/noticias/articulo/015303/pagina8.htm. Abril 17, 2003.

gal de su divorcio y no incluye a quienes se casaron legalmente y desde hace años viven separados, a quienes nunca se casaron, tuvieron hijos y luego se separaron ni a las personas cuyos cónyuges simplemente desaparecieron sin dejar rastro.

Así, aunque estadísticamente el número de divorcios en México ha disminuido, los especialistas advierten que la práctica de divorcio ha sido sustituida por las separaciones acordadas o los abandonos. Esto se debe a que cada vez más parejas con problemas deciden separarse sin dar cuentas a una autoridad legal con tal de evitarse costos de abogado, tiempos de litigio y figurar en las estadísticas de divorciados. En 1990, por cada divorciado había 1.6 separados entre la población mayor de 12 años.[3]

Mi decisión de incluir estas estadísticas en la introducción, se debe a que quiero dejar muy claro que, a lo largo de todo el libro, siempre que me refiera al divorcio, me estaré refiriendo a una pareja con hijos que decide separarse —sin importar si anteriormente estaba legalmente casada o no, ni si ya concretó su trámite legal.

Así, en los términos de este libro, un divorcio es un proceso constante que no siempre requiere la firma de un papel, y que no termina en el momento de firmar éste.

Una separación es dolorosa siempre, sin embargo, cuando hay hijos de por medio, las personas —incluso si están divorciadas legalmente— descubren con sorpresa que, si quieren el bienestar de sus hijos, tendrán que seguir teniendo algún tipo de contacto y convivencia con su expareja, ¡y que no saben cómo hacerlo! Así,

---

[3] *Ibid.*

el objetivo de este libro es *ayudar a los padres a ayudar a sus hijos*; es decir, darles las herramientas necesarias para que, a pesar de su dolor, sigan fungiendo como padres para sus hijos y los apoyen durante todo el proceso de divorcio para que logren entenderlo, asimilarlo y finalmente sobreponerse a él.

A lo largo del libro analizaremos qué significa el divorcio para los niños, cuáles son las pérdidas y los cambios que trae consigo, cómo deben hablar los padres con sus hijos respecto al divorcio, qué reacciones deben esperar de ellos, cuáles son las actitudes que dañan a los niños, y finalmente, cómo convertir su nueva vida y el núcleo familiar en un ambiente cálido, afectivo y seguro que permita que los niños —a pesar del divorcio de sus padres— puedan desarrollarse sanamente.

Capítulo I

El divorcio y los niños

*Los divorcios no destruyen la vida de los niños,
son las personas quienes lo hacen.*

Vicki Lansky

Si para los padres la realidad del divorcio resulta muy difícil de asimilar, para los niños lo es aún más. ¿Por qué? En primer lugar porque los niños no tomaron la decisión del divorcio de sus padres y esto los convierte en meros espectadores sin control sobre lo que está pasando. En segundo lugar, ante un divorcio los niños no sólo tienen que lidiar con sus propias emociones y su propia confusión, sino también con las emociones y la confusión de sus padres. De tal manera que cuando los niños ven a sus padres sufrir, ese dolor se suma a su propio sufrimiento.

Con esto en mente, debemos hacer que nuestra prioridad ante un divorcio sea *mantener el bienestar emocional de los hijos*. Pues aunque existen problemas inherentes al divorcio, la mayoría de éstos pueden disminuir cuando el *proceso de divorcio* es manejado adecuadamente.

En estudios recientes se ha demostrado que aunque "el divorcio tiene un gran impacto en la vida de los niños, éstos se ven mucho más afectados por la manera en que la familia se reestructura y la manera en que se manejan los sentimientos *después* de un divorcio, que por el divorcio en sí".[1]

Así que no cometas el error de pensar que con el divorcio terminarán todos los problemas que tenías con tu cónyuge. Nada está más lejos de la verdad. Generalmente tras una separación, los problemas y los sentimientos negativos entre la pareja se agudizan mucho y es en esta etapa cuando mayor atención se les debe poner a los hijos. ¿Por qué? Pues porque tras una ruptura los padres tienden a ser más laxos en sus comentarios negativos hacia el otro, y también tienden a pelear mucho más frente a los hijos. Y nada afecta más a los hijos que ver a sus padres peleando continuamente. En este sentido, se recomienda[2] que los padres eviten discutir frente a sus hijos problemas relacionados con el dinero, la educación y las reglas.

Estoy consciente de que por más buena voluntad que pongan ciertas personas, a veces les resulta imposible dejar de pelear. Si este fuera tu caso, lo más recomendable es pedirle a una tercera persona —que puede ser un psicólogo familiar o un abogado— que funja como intermediario entre ustedes. Muchas veces, con una ayuda de este tipo, la expareja puede llegar a mejores acuerdos y más rápidamente que tratando de hacer las cosas por su

---

[1] Vicky Lansky, *Divorce Book for Parents,* Book Peddlers, Minnetonka, E.U., 1996, p. 2.
[2] Según investigaciones realizadas en la Georgia University y un estudio llevado a cabo por el doctor Nicholas Long de la University of Kansas Medical Center.

cuenta. Si, por otro lado, consideras que tu expareja y tú pueden llegar a un acuerdo, pero que para conseguirlo necesitarán discutir mucho, lo mejor será que lleven a cabo sus discusiones —y no estoy hablando de pleitos sino de *discusiones*— cuando los niños *no estén presentes*. Y con esto no quiero decir que discutan cuando los niños *estén dormidos* (muchos de mis pacientes me platican que se hacen los dormidos y que escuchan toda la conversación y los horribles pleitos de sus padres). Para llevar a cabo estas discusiones es recomendable buscar un lugar neutro, como puede ser la oficina de un tercero, la casa de un amigo (sin el amigo), un café o un hotel, pues en lugares así nadie sentirá que es "su territorio" y además pueden contar con el tiempo necesario para llegar a un acuerdo.

Desgraciadamente, son muy pocos los casos en los que la decisión de divorciarse se da conjuntamente. Dos personas no despiertan la misma mañana y dicen: "me quiero divorciar de ti", por lo general es una la que decide divorciarse. Esto complica la situación y agudiza los problemas, pues frecuentemente una de las partes no está convencida del divorcio y —consciente o inconscientemente— trata de hacer lo posible para no llegar a un acuerdo. Considero que es más fácil mantener la concordia cuando ambas partes concluyen que no son felices viviendo juntos y que prefieren vivir separados. Pero como ése es el menor de los casos, debes tener en cuenta que muchas de las peleas que enfrentarás con tu pareja surgirán por la frustración interna, por las pérdidas y por la sensación de "me debes" o "me hiciste", y que si sigues discutiendo con tu pareja sobre esas bases, lo más probable será que no lleguen a ningún acuerdo y que se pasen el tiempo buscando culpables. Para salir de este atolladero, lo más recomendable es concentrarse en el bienestar de los hijos, sin importar quién decidió el divorcio, que además casi siempre es un asunto de dos. Pase lo que pase, nunca pierdas de vista que tu expareja —por más daño que te haya hecho, por mal que te caiga— es el padre o la madre de tus hijos y ellos lo o la necesitan para desarrollarse sanamente y convertirse en adultos plenos y felices. Lo que tú hagas contra tu pareja la lastimará mucho menos a ella que a tus hijos. ¿Y no son tus hijos lo que más quieres en el mundo?

Así, lo más importante durante y después de un proceso de divorcio es hacer todo lo posible para no pelear frente a los hijos y para no hablarles mal del excónyuge. También es importante considerar que cuando la ira se desencadena, entra un nuevo personaje en escena: las justificaciones.

El dolor nos impele a justificar nuestros más bajos actos. Cuando estamos muy enojados, tendemos a justificar las terribles reacciones que tenemos con la pareja. "Como estaba tan enojado, les hable pestes de ella a mis hijos", o "estaba tan enojada con él, que tiré su computadora por la ventana". Si uno permite que el enojo aumente, las cosas se salen de control y *los más afectados son los hijos*. Si bien no podemos hacer nada para controlar el enojo del otro, sí podemos hacer muchas cosas para controlar nuestro propio enojo y no provocar al otro.

Consejos para controlar tu enojo...

Planea tus citas. Trata de que las conversaciones con tu ex no se den cuando va a recoger a los niños o cinco minutos antes de una junta. Si tu expareja quiere discutir algo y tú no estás preparado, amablemente pídele una cita. No le digas: "¿Sabes qué? No estoy de humor para hablar contigo" (aunque sea cierto). Sino más bien: "Considero que este problema es muy importante para ambos, ¿qué te parece si nos vemos mañana por la tarde?"

Pon límites. A solas, define claramente las cosas que no vas a aceptar (como pueden ser insultos, gritos o burlas). Luego exponlas de manera acertiva y de preferencia antes de que se presenten. "Me gustaría platicar contigo sobre equis. Pero por favor no peleemos. Me siento muy mal cuando me gritan o me insultan y termino perdiendo los estribos. Creo que si los dos ponemos de nuestra parte, podremos encontrar una solución." Si tu excónyuge comienza a comportarse inadecuadamente, amablemente recuérdale: "Me haces sentir muy mal cuando me hablas así. Creo que podemos arreglar las cosas de mejor manera". Nunca ataques a la persona, más bien refiérete a su comportamiento. Si continúa agrediéndote:

No respondas a la agresión con agresión. En vez de decirle: "¿Ah, sí? Pues si yo soy una estúpida, tú eres un irresponsable", dile algo como: "Creo que los dos estamos muy exaltados. Es mejor que nos demos un tiempo y resolvamos el problema en otra ocasión." Recuerda siempre usar la tercera persona y *no* dirigirte a tu expareja con frases que empiecen con: "Tú eres...", "Tú hiciste..." y "Tú piensas...". Cuando uno de los miembros empieza a perder la compostura es muy fácil que, por los resentimientos acumulados, la ira de ambos alcance proporciones inenarrables. Esto se llama aumento simétrico: una de las personas se enoja y la otra se enoja más; una dice una frase hiriente y la otra responde con un comentario devastador, y así hasta nunca acabar. La manera de romper el aumento simétrico propositivamente es diciendo algo como: "Ahora no puedo razonar adecuadamente. Por favor dame tiempo para calmarme." Y dejar la discusión para otro día. Esto es completamente diferente a dejar a la expareja hablando y salir azotando la puerta.

No asumas. A veces pensamos que el otro sabe lo que estamos pensando, o lo que esperamos. Evita confusiones: deja muy en claro lo que quieres y ofrece posibilidades. "Quiero pedirte un favor. ¿Podrías pasar por la niña a la hora que quedaste? Antonieta se angustia mucho cuando tiene que esperarte. Entiendo que cuando se te hace tarde es porque vienes del trabajo. Si prefieres, puedes recoger a la niña los sábados por la mañana en vez de los viernes por la noche."

Cuenta hasta diez. Por trillada que suene esta frase, cuenta hasta diez (pero de verdad) antes de decir algo. Entiende que las emociones están a flor de piel y cuánto más hagas por serenarte, mejor te irá.

Déjale ir. Ya no sigas involucrándote en la vida de tu expareja. Si vives en función de él o ella y tratas de investigar qué hizo, cuándo, cómo, dónde y con quién, lo único que conseguirás será enojarte. No intentes seguir controlando la vida de tu excónyuge, pues esa falta de control genera mucha ira. Déjale ir. Suéltale. Sólo así podrás seguir adelante.

Si todo falla... Trata de hablar con tu expareja usando un intermediario, como puede ser un psicólogo, un abogado o cualquier persona capaz que no tenga preferencia por ninguno de ustedes.

Una buena manera de entender lo anterior es con un caso. Hace varios años llegó a mi consultorio un chico de 11 años llamado Andrés.[3] En la consulta previa que tuve con sus padres, ellos me

---

[3] Éste y todos los nombres que aparecen en el libro han sido cambiados para proteger la identidad de los involucrados.

dijeron que les preocupaba el bajo rendimiento académico, los constantes cambios de ánimo, la conducta agresiva y el desinterés que mostraba su hijo a raíz de su separación, cuatro meses atrás. Así, en mi primer contacto con Andrés, observé a un niño triste que con la mirada de sus grandes ojos cafés me pedía ser escuchado. No había pasado ni un minuto desde que estaba en mi consultorio, cuando con su voz frágil, casi al borde del llanto me dijo:

—Oye, mi papá y mi mamá me dijeron que iban a ser amigos y eso no es cierto. Yo sólo quiero que las cosas vuelvan a ser como antes y que volvamos a estar juntos.

Andrés no es un caso aislado. La mayoría de los niños se encuentran que, tras la separación de sus padres, los conflictos se incrementan y los padres se alejan. Por un lado se aleja el padre (o la madre) que se va de la casa, pero el que se queda, como está lidiando con tantas emociones y con tantos problemas, también se aleja. Y los niños se quedan solos.

Durante un proceso de divorcio, son los padres quienes más pueden ayudar a los hijos; pues sólo mediante su amor y su comprensión un niño puede adquirir la seguridad y la libertad que requiere para aprender y evitar los errores. Sin embargo, una de las crueles ironías es que, como el divorcio afecta toda la vida familiar, limita la posibilidad de que los padres les brinden a sus hijos la comprensión y el amor que tanto necesitan en ese momento. Generalmente en el momento en que los niños más ayuda necesitan, los padres están pasando por situaciones muy difíciles, como puede ser el ingreso al mundo laboral de una mujer que anteriormente estaba todo el tiempo con sus hijos, un cambio de residencia o una mala situación económica. De tal manera que, cuando los niños más requieren la presencia de sus padres, es precisamente cuando más tiempo pasan solos. También suele suceder que es en ese momento cuando las rutinas familiares cambian más, dejando a los hijos una sensación de inestabilidad que les dificulta todavía más las cosas.

Con lo anterior no pretendo asustarte, pero considero que es necesario que sepas que, sin importar su edad, los niños tienen una capacidad *limitada* para entender lo que está sucediendo, lo qué están sintiendo y por qué lo están sintiendo. Y requieren de tu ayuda para comprenderlo.

Durante y después de un proceso de divorcio, los niños tratan de "armar" una nueva realidad. Y al no contar con sus padres para dicha tarea, terminan "armando" la realidad con los elementos que tienen a la mano y muchas veces llegan a conclusiones imaginarias que no sólo son erróneas, sino dañinas. Por esto, los padres deben hablar con los hijos sobre lo que está pasando, les deben permitir expresar sus sentimientos y deben ayudarlos a comprender, a asimilar y a manejar tanto lo que está pasando como lo que están sintiendo. Pues a falta de apoyo, orientación y compañía de los padres, los niños por naturaleza tratarán de "construir" una explicación por sí mismos... y para construirla tomarán elementos que nada tienen que ver con la realidad.

Para explicar mejor lo anterior usaré un ejemplo. ¿Fuiste alguna vez a la playa cuando niño? De ser así, seguramente hiciste lo que hacen todos los pequeños: construiste un castillo de arena. ¿Lo recuerdas? ¿Recuerdas sus torreones, sus puertas, sus ventanas? Ahí estaba el castillo y era perfecto. Frente a él, el mar implacable. Las olas bañaban las plantas de tus pies y eras feliz. Pero de pronto una ola creció, avanzó más que la anterior y te mojó las piernas y las manos. La ola destruyó tu castillo y entonces, te enfureciste o te echaste a llorar, dependiendo de tu edad y de tu temperamento. Sabías que podrías construir otro castillo, pero también sabías que ya no sería igual. Que ya nunca sería igual. Que tendría que ser un castillo diferente. Ni mejor ni peor, simplemente *diferente*. Lo mismo les ocurre a los niños ante un divorcio. La vida que conocían —buena o mala— desaparece y tienen que inventarse una nueva forma de vivir, de convivir, de amar y de compartir con sus padres. El mar se ha llevado su castillo. Y aunque a sus pies se extiende la inmensa playa, los miles y millones de granos de arena, se sienten perdidos y no saben cómo comenzar a construir un nuevo castillo. Es ahí donde tú y tu expareja tienen que ayudarles. Tienen que mostrarles un nuevo lugar para edificar el castillo (tienen que explicarles que tras un divorcio la vida cambia, que quizá deban vivir en otra casa y que ciertamente tendrán que convivir en otros términos, pero que ello no obsta para que sigan conviviendo con ambos padres; también tienen que explicarles y asegurarles que el divorcio es una decisión enteramente de sus padres, que los niños no tuvieron nada que ver con él, y que *no es su culpa*), tienen que enseñarles a abrir una zanja para que el agua del mar no destruya su castillo (tienen que darles la seguridad de que a pesar del divorcio, el amor de sus padres hacia ellos sigue incólume), y tienen que ayudarles a sobreponerse a la pérdida del castillo y a construir uno nuevo (es decir, tienen que demostrarles empatía por lo que están sintiendo, permitirles expresar sus sentimientos y hablar con ellos de lo que está sucediendo para que el amor, la confianza, la seguridad cimienten su desarrollo y les permitan, más adelante, convertirse en adultos sanos, responsables y plenos). Con o sin la ayuda de los padres los niños van a construir un nuevo castillo. Necesitan su castillo (necesitan "explicarse" su nueva vida, el divorcio, las pérdidas). Sin embargo, cuando los hijos no cuentan con la ayuda de sus padres, el castillo que construyan tendrá muchas fallas: estará mal ubicado, le faltará un canal para mantener el mar a raya y, tarde o temprano, terminará cayendo.

¿Qué quiero decir con esto? Que cuando los niños no reciben explicaciones claras de sus padres respecto a lo que está pasando, se inventan una historia que nada tiene que ver con la realidad y a menudo se culpan del fracaso de sus padres. Por ejemplo, si un niño ve que su mamá le gritó a su papá, puede llegar a la siguiente conclusión: "Como mi mamá es gritona, mi papá se fue de la casa." O, un ejemplo peor, si un niño es constantemente reprendido por sacar malas calificaciones en la escuela o por pasar demasiado tiempo frente a la televisión, y por una triste coincidencia sus padres se divorcian durante esa época y no le explican nada, el niño puede llegar a creer que el divorcio de sus padres fue por su culpa: "Mis papás se divorciaron porque yo iba mal en la escuela" o "mi papá siempre me decía que ya no viera tanto la televisión. Un día se cansó de que yo no le hiciera caso y se fue de la casa". Estos ejemplos pueden resultar difíciles de creer, pero te sorprendería descubrir cuántos de mis pacientes se culpan del divorcio de sus padres. En general los papás dan por hecho que el niño no tiene la culpa del divorcio y, como lo dan por hecho, piensan que el niño no necesita una explicación de que él no es causante de éste. Por eso es importante recalcar en los hijos que ellos no son culpables, diciéndoles, por ejemplo: "Tú no tienes la culpa de nada." Es importante que los padres eviten que sus hijos construyan su castillo con la arena de la culpa. Para ello es de suma importancia que converses con tus hijos. Que hables mucho y claro (ahondaremos en este tema en el siguiente capítulo).

Por otro lado, cuando los padres no les dicen ni les demuestran a sus hijos que, a pesar del divorcio, siguen queriéndolos igual, y que los padres *jamás* pueden "divorciarse" de sus hijos, los niños llegan a pensar que no pueden contar con el amor, ya que éste puede desaparecer en cualquier momento. "Si mi mamá y mi papá dejaron de quererse, seguramente pueden dejar de quererme a mí." Esto los torna muy inseguros y generalmente provoca en ellos dos reacciones. En la primera, los niños pueden tratar de ser "perfectos"; temen tanto perder el amor de sus padres que hacen todo lo que está en sus manos para no fallarles. Estos niños corren un gran peligro, pues generalmente sus padres piensan que el divorcio no los ha afectado y no se toman el tiempo para averiguar qué están sintiendo. Desafortunadamente la "perfección" de estos niños hace que sus padres se alejen de ellos y para cuando se dan cuenta de que el divorcio sí los afectó, suele ser demasiado tarde. Recuerdo particularmente a una señora que muy orgullosa me dijo: "Ciertamente me ha dolido mucho mi divorcio. Pero hay algo de lo que estoy orgullosa y que me impulsa a seguir adelante: desde que nos divorciamos, mi hija Natalia se ha convertido en un ángel. Casi siempre se porta bien, me ayuda en la casa, ha dejado de hacer berrinches y va maravillosamente bien en la escuela. ¿Quién lo iba a pensar? Yo creía que el divorcio la iba a afectar y ha sido todo lo contrario." Cuando le pregunté que si había hablado con su hija respecto a lo que estaba pasando, me respondió: "¿Para qué? No es necesario. Lo único que le dije fue que su papá y yo nos habíamos dejado de querer y por eso nos habíamos divorciado". Esta niña, como muchos, tenía miedo a perder el amor de sus padres. Para ella el amor era condicional; creía que podía perderlo de la noche a la mañana y ese miedo la impulsaba a tratar de ser mejor cada día. La manera de Natalia de demostrar su angustia y de pedir ayuda era portándose bien. Sin embargo, lo último que le pasó por la mente a su mamá —y no podemos culparla— fue que su hija estuviera usando el disfraz de ángel porque en el fondo tenía terror de perder su cariño. Quizá lo que Natalia pensaba era: "Mis papás se dejaron de querer y mi papá dejó a mi mamá. Si yo me porto mal, mi mamá me va a dejar de querer y me va a dejar *a mí*." Con los niños "angelitos" debemos tener mucho cuidado —especialmente si el comportamiento angelical se presenta después del divorcio o de la separación— pues generalmente sucede es que están ocultando sus sentimientos y, a pesar de su maravillosa conducta, necesitan mucho apoyo para expresarlos. Ningún niño se porta bien todo el tiempo. Si el tuyo lo está haciendo, no lo pases por alto. Habla con él, explícale las cosas, dile que siempre lo seguirás queriendo y que está bien cometer errores. Nunca permitas que tu hijo tome un papel que no le corresponde: su deber es ser un niño, no convertirse en tu pareja, ni en tu amigo, ni en tu sostén.

La segunda reacción que pueden tener los niños cuando sus padres no les reafirman su amor es tornarse rebeldes. Por extraño que parezca, los niños tienden a buscar aquello que temen. Así, si un niño tiene miedo de perder el cariño de sus padres, puede hacer todo lo posible para que esto suceda. Estos son niños que demuestran comportamiento agresivo, se tornan rebeldes, respondones o hacen un sinfín de travesuras. Al contrario de los anteriores, estos niños se convierten en los "diablitos". Y no, sus padres no los dejan de querer, pero tampoco consiguen comunicarse con ellos ni saben qué les está pasando, pues ante un mal comportamiento, los padres tienden a enfocarse en corregirlo y no en averiguar qué sentimientos subyacen tras las miles de diabluras. El lado positivo de esta reacción es que como el niño se torna intolerable, casi siempre termina recibiendo apoyo psicológico, ya sea por parte de la escuela o en una terapia particular. Por increíble que parezca, a los diablitos a menudo les va mejor que a los angelitos, ya que por lo general sus sentimientos no expresados terminan encontrando un cauce. Es más fácil que busquemos ayuda cuando algo nos molesta, que cuando todo parece funcionar perfectamente.

Así que no importa si tu niño es un diablito, un angelito o a veces es uno y a veces otro. En cualquier caso, necesita de tu apoyo. Nunca olvides decirle que lo quieres y que nunca lo dejarás de querer. Necesita saberlo. *Todos los niños necesitan saber que el amor de sus padres hacia ellos es incondicional.* Díselo y demuéstraselo aunque parezca no necesitarlo, aunque lo rechace, aunque te diga mil veces: "Ya déjame, ¿no ves que no me gusta que me abraces?" El amor se demuestra con palabras pero éstas son más efectivas si van acompañadas de besos, mimos y apapachos.

Pase lo que pase, demuéstrales amor a tus hijos

Quizá no seas una persona cariñosa, quizá no sepas demostrar afecto o quizá no se te ocurre cómo hacerlo. He aquí algunas sugerencias[4] para recordarles a tus hijos que los amas y ayudarles a demostrar su afecto y sus necesidades.

---

[4] Algunas de las sugerencias fueron tomadas de: Gary Neuman, *Helping Your Kids Cope with Divorce the Sandcasles Way,* Random House, Nueva York, 1998, pp. 96, 98, 144.

Si es bebé:

Platícale y usa palabras de bebé.

Arrúllalo y cántale.

Bailen y escuchen música.

Jueguen frente al espejo, a la hora del baño y cuando cambies su pañal.

Si está en edad preescolar:

Regálale una muñeca para que la cuide. Platícale de los cuidados que necesita un niño y cómo los papás le demuestran afecto. Luego, pídele que te diga cómo le gustaría demostrarle su afecto a la muñeca. Dile, por ejemplo, que la muñeca está llorando y pregúntale qué cree que necesite la muñeca; de esta manera podrás darte una idea de qué muestras de afecto son las que más le gustan y las que más necesita tu hijo. Haz lo anterior con diversos sentimientos, como pueden ser la tristeza, el enojo o la frustración.[5]

Pídele que te ayude a realizar alguna tarea sencilla, como ordenar un cajón, hacer el desayuno o sembrar una planta. No hagas

---

[5] Personalmente considero que tanto los niños como las niñas se benefician enormemente con este ejercicio. Sin embargo, estoy consciente de que a muchos papás no les gusta que sus hijos varones jueguen con muñecas. Si este fuera tu caso, te propongo que revises tus creencias: los varones también necesitan aprender a mostrar afecto. Si de todas formas te incomoda la idea de que tu hijo varón tenga y cuide a una muñeca, dale un Hombre de acción, pero no dejes de hacer el ejercicio.

de dicha actividad una obligación, sino más bien un juego. Cuando terminen, dile que le agradeces su ayuda y explícale que una manera de demostrar amor a nuestros seres queridos es ayudándolos de buena gana.

A partir de los siete años:

Dependiendo de su edad, pídele que te dicte o escriba una lista en la que explique cómo quiere que tú y sus hermanos le demuestren amor. También tú y tus demás hijos hagan una lista igual. Por ejemplo, la lista de un niño de seis años puede incluir: 1) Quiero que mi mamá (o mi papá) me ayude con la tarea. 2) Quiero que mi hermana no se lleve mis juguetes sin permiso. 3) Quiero que me den las gracias cuando haga mis labores. La lista de la madre o del padre puede incluir: 1) Quiero que me pidan las cosas por favor. 2) Quiero que me saluden cuando regrese del trabajo. 3) Quiero pasar una tarde divertida con mis hijos. La lista de un adolescente puede incluir: 1) Quiero que toquen la puerta antes de entrar a mi cuarto. 2) Quiero que confíes en mí y que vayas extendiendo mis permisos conforme a la responsabilidad que te demuestre. 3) Quiero realizar actividades a solas con mi mamá o con mi papá, sin que vaya su novio o su novia.

A todas las edades:

Dile que lo quieres. Pero no se lo digas cuando haga algo bien. Si estás orgulloso de lo que hizo, dile que te enorgullece su esfuerzo. Nunca le des la impresión de que lo quieres por sus logros. Dile que lo quieres cuando no se lo espere y cuando esté realizando actividades rutinarias.

Demuéstrale que lo quieres. Nunca es demasiado tarde para abrazar a tus hijos, para besarlos, para mimarlos. Si expresar tus sentimientos te cuesta trabajo, haz un esfuerzo. Recuerda que los hijos siempre necesitan muestras físicas de afecto, sin importar si tienen 18 años o dos meses. Además, entre más lo apapaches ahora, más te dejará hacerlo después (¿no te gustaría contar con sus abrazos durante tu vejez?).

Muestra interés por sus cosas. Si tu pequeño se peleó con una amiga, al día siguiente, cuando regrese de la escuela, pregúntale cómo le fue y cómo se sintió. Si tiene un partido de beisbol, acompáñalo; si no puedes, pídele al padre o a la madre de alguno de sus amigos que lo videograbe o que le tome fotografías (o por lo menos pregúntale cómo le fue).

Ayúdale a hacer un pastel, a realizar una investigación, a ordenar su clóset o a vestirse. Ayúdale siempre que puedas pero no hagas por él las cosas que puede hacer por sí mismo. A veces la ayuda consiste en estar cerca, en dejarle un número de teléfono para que pueda llamarte o simplemente —y esto es muy efectivo— en preguntarle en qué necesita que lo ayudes.

Usa los pequeños detalles. Pon una nota cariñosa en su fiambrera (pero no lo hagas si tu hijo está en plena adolescencia y la van a ver todos sus amigos). Inventen una señal secreta para que, en momentos importantes, puedas decirle que lo quieres sin que nadie se dé cuenta. Guarda un chocolate bajo la almohada de su cama. Pega el botón de su camisa favorita (que lleva más de dos meses en la canasta de pendientes). Cómprale pilas para el juego que no ha podido estrenar. Prepárale un baño de burbujas. Pero sobre todo: usa tu imaginación.

Nunca le hables mal de su padre o de su madre. Recuerda que la mitad de tu hijo —genéticamente hablando— proviene de tu excónyuge y que al hablar mal de dicha persona indirectamente estás hablando mal de tu hijo. Tampoco lo compares con tu excónyuge cuando haga algo malo. Si no tienes nada bueno qué decir, mejor muérdete la lengua. Créeme: tu silencio será recompensado.

Juega. Con la sonaja, las muñecas, los carritos, la pelota, la cuerda, a las escondidillas. Jueguen serpientes y escaleras, voleibol, scrabble, futbol, monopolio, maratón o póquer. Juega con tus hijos siempre —hay juegos para todas las edades. Jugar es una de las mejores maneras de acercarnos a nuestros hijos.

Permítele que exprese lo que siente. No reprimas los sentimientos de tus hijos. Mejor enséñales maneras adecuadas y respetuosas de demostrar lo que están sintiendo, ya sea tristeza, ira, frustración, alegría o lo que sea. Tampoco reprimas tus propios sentimientos.

¿Y los sentimientos?

Con el divorcio, los sentimientos muchas veces se tornan ingobernables. Son como la piedra que rueda por la montaña nevada y termina convirtiéndose en avalancha. Desgraciadamente los sentimientos que más aumentan suelen ser la ira, la frustración, el miedo y la tristeza, y éstos afectan tanto a los hijos como a los padres.

Aunque el divorcio puede traer efectos benéficos cuando implica la disolución de un ambiente familiar dañino y conflictivo, dándoles a los padres la posibilidad de funcionar como modelos de apoyo para sus hijos, son muy pocos los niños que aceptan esta situación y la consideran un alivio. Incluso, en las familias más disfuncionales e infelices, donde el grado de tensión alcanza enormes proporciones, los niños dan por hecho que todas las familias son iguales a la suya y la noticia de la separación de sus padres los afecta enormemente.

También a los padres el divorcio les presenta una difícil disyuntiva. Por un lado, estaban convencidos de que su vida sería mejor cuando terminaran con su matrimonio, pero para su sorpresa —y esto ocurre en la mayoría de los casos—, descubren que la angustia, la tristeza, el enojo y la frustración que sentían en su matrimonio, se agudizan tras la separación. Ante un proceso de divorcio, es muy común que los padres se sientan abrumados por lo que están sintiendo y no sepan qué hacer. ¿Cómo pueden entonces ayudar a sus hijos?

No existe tal cosa como la familia ideal o el divorcio ideal. Los padres no tienen que resolver todos los problemas. A veces con sólo expresar sus preocupaciones y sus sentimientos, y demostrarles a sus hijos que les interesan y entienden lo que están sintiendo puede ser suficiente. Lo más importante es la empatía y ésta tiene que ver con sentir lo que el otro está sintiendo: experimentar su dolor o su alegría en carne propia.

> La empatía se construye sobre la conciencia de uno mismo; cuanto más abiertos estamos a nuestras propias emociones, más hábiles seremos para interpretar los sentimientos. Los alexitímicos [...] que no tienen idea de sus propios sentimientos, se sienten totalmente perdidos cuando se trata de saber lo que siente alguien que está con ellos. Son emocionalmente sordos. Las notas y los acordes emocionales que se deslizan en las palabras y en las acciones de las personas —el revelador tono de voz o el cambio de postura, el elocuente silencio o el revelador temblor— pasan inadvertidos.[6]

El primer paso para que puedas ser empático con tus hijos es reconocer tus propios sentimientos y tus emociones. Si reprimes tus sentimientos, jamás conseguirás que tus hijos expresen lo que sienten. Recuerda que los niños aprenden del ejemplo y tu manera de expresar tus sentimientos modelará la manera en que tus hijos expresen los suyos.

"Expresa tus sentimientos, di lo que sientes", son frases hechas y muy trilladas que se dicen fácil y no dicen nada. Con frecuencia alguien me llama al programa de radio o me aborda en la calle y me pregunta: "¿Cómo puedo expresar mis sentimientos?" No existe una respuesta fácil y rápida a esta pregunta, y para abordarla profundamente necesitaríamos todo un libro. Sin embargo,

---

[6] Daniel Goleman, *La inteligencia emocional*, Javier Vergara Editor, México, 1997, p. 123.

lo primero que puedes hacer es tratar de identificar lo que estás sintiendo. Cuando algo te incomode no digas "no es nada, ya se me pasará", mejor trata de dilucidar qué sientes, ¿tristeza, ira, frustración, celos? Si desde pequeño no te enseñaron a reconocer y expresar tus sentimientos, es muy probable que ahora se te dificulte hacerlo. Cuando no sepas qué sientes, retírate a un lugar apartado —puede ser un parque, tu recámara o en el último de los casos, el baño—, siéntate o recuéstate y concéntrate en tus sensaciones físicas. ¿Sientes un dolor de estómago? Probablemente estés angustiado o tengas miedo. ¿Sientes que tu corazón se acelera, y/o que la cara se te pone caliente? Lo más probable es que se trate de ira. ¿Te sientes cansado, un poco mareado y con ganas de llorar? Si no tienes un problema físico, quizá se trate de tristeza. Si a pesar de tus esfuerzos continúas sin saber qué emoción estás experimentando, reconoce cuando menos las sensaciones que tu cuerpo te está transmitiendo y no intentes sentirte de otra forma. Reconoce que no sabes lo que sientes y no te presiones; si eres persistente, con el paso del tiempo comenzarás a comprender lo que sientes y podrás manejar mejor tus emociones. Nunca niegues lo que sientes ni trates de restarle importancia, pues esto sólo hará que dicha emoción acuda a ti con más frecuencia y termine "atorándose".

Una vez que sepas lo que estás sintiendo —o aunque todavía no lo sepas— no trates de ocultar tus sentimientos a tu hijo. Si una madre está furiosa y su hijito le pregunta: "¿Qué te pasa mami?", y ella, enojada como está le responde: "¡Lo que me pasa a mí no es tu problema, vete inmediatamente a tu cuarto!" El niño aprende que el enojo es una especie de monstruo que no puede controlarse y llegará a creer que es aceptable hacer berrinches por cualquier cosa o buscar chivos expiatorios cuando tenga algún problema (por ejemplo, morder a su hermanito cuando está muy enojado con su madre o con un amigo). Si en el mismo ejemplo la madre le responde: "No me pasa nada, ¿por qué?" El niño recibirá el mensaje de que el enojo es algo que debe ocultarse o negarse, y cuando esté enojado tratará de pretender que no lo está. Por otro lado, si ante la pregunta de su hijo la madre enojada responde. "¿Sabes? Estoy muy enojada, pero no tiene nada que ver contigo. Por favor déjame estar un rato sola mientras me calmo." El niño aprenderá que el enojo no es algo condenable y que es una emoción que puede ser controlada.

Los padres deben comprender cómo piensan y sienten sus hijos, pero eso puede resultar muy difícil hasta para los padres más conscientes. Estamos tan enfocados en el *comportamiento* del niño, que a menudo damos por hecho que lo que nos dice o hace son expresiones verdaderas de lo que está sintiendo. Los niños presentan diversas respuestas emocionales ante el divorcio, pero la ira —expresada como enojo, retraimiento o depresión— es la más universal de todas. Los niños pueden estar enojados con sus padres porque no supieron defenderlos del divorcio. *Después de todo ustedes son más fuertes y más grandes que yo*, pueden razonar. *¿Por qué no puedes hacer que papá regrese a la casa... que mamá vuelva a estar contenta... volver a intentarlo... ser más amables el uno con el otro... beber menos?* Los niños también pueden estar enojados porque el divorcio les causa otras emociones fuertes y atemorizantes: miedo, tristeza, confusión, pérdida, duda y dolor.

A pesar de su mala fama, la ira a menudo puede ser una emoción sana. Pues nos ayuda a expresar sentimientos encerrados, a ventilar las cosas y soportar el estrés y la frustración; puede inspirarnos a que finalmente tomemos acciones, y puede alertarnos de los peligros e incitarnos a protegernos. El verdadero problema con la ira es la manera que tenemos de experimentarla y expresarla. Generalmente nos enojamos en la medida que nuestro ambiente nos lo permite y, cuando se trata de los niños, lo que les permitimos con frecuencia va de un extremo a otro. De un lado están los padres que reprimen completamente la ira, lo que puede causar que el niño interiorice su tristeza o su frustración, dando por resultado retraimiento, depresión (o un "entumecimiento emocional") e indiferencia. Por otro lado están los padres que abiertamente invitan a sus hijos a expresar ira sin ponerles límites, dando por resultado un niño que carece de autocontrol y no puede hacer frente a situaciones desafiantes.[7]

No importa qué tan difícil esté siendo tu divorcio, siempre tienes que tener en mente que para tus hijos es igualmente difícil y necesitan de tu apoyo para salir adelante. No pretendas que tus hijos comprendan, adivinen o intuyan lo que te está pasando si antes no se los dices. El divorcio presenta muchas desventajas pero también te brinda una enorme oportunidad de establecer o mejorar la comunicación con tus hijos. Dicen que los amigos se conocen en los malos momentos y lo mismo ocurre con los hijos y los padres. Si a pesar de tu dolor, tu frustración y tu angustia te das el tiempo de investigar lo que tus hijos están sintiendo y pensando, reestructurar tu nueva vida te será más fácil y tus hijos se verán enormemente beneficiados.

Al decirte que hables con tus hijos de lo que estás sintiendo, de ninguna manera te estoy sugiriendo que los conviertas en tus amigos, tus confesores, tus psiquiatras o tu muro de lamentaciones. ¡No! Hay cosas que los padres deben reservarse para sí mismos y

---

[7] Gary Neuman, *op. cit.* pp. 33-34.

que los niños nunca deben conocer. A los niños les hace bien reconocer los sentimientos que sus padres están experimentando, pero no les hace bien saber todos sus problemas ni los pormenores de su vida.

Si estás triste, deprimida y angustiada, y lo único que puedes hacer es llorar, pídeles a tus hijos que te concedan un momento a solas porque estás triste y tienes ganas de llorar. Cuando te calmes —nunca entre chillidos— diles que estás triste porque también para ti resulta difícil acoplarte a esta nueva vida. No se te ocurra decirles que estás triste porque mientras tú tienes que hacerte cargo de ellos, su papá la está pasando de lo lindo con la mujer por la que te dejó o porque has perdido el trabajo y ya no tienes con qué mantenerlos. Éstas son cosas que los hijos —de ninguna edad— tienen por qué saber. Si tu tristeza es tal que no puedes controlar el llanto, renta una película triste y llora, así, si tus hijos te ven podrás decirles que la película es muy triste y te está haciendo llorar. Por lo menos así, evitarás que tus hijos se preocupen por tu tristeza desmedida y traten de "cuidarte"—por cierto, ese es un papel que *nunca* les corresponde.

Si estás enfurecido porque tu exmujer te exige tanto dinero que ya no te alcanza para nada, diles a tus hijos que estás muy enojado porque no sabes cómo resolver un problema. Si tienen más edad y te preguntan de qué problema se trata, diles simplemente que es un problema financiero, pero que no se preocupen. No les digas, a ninguna edad, que el problema es que su madre es una abusiva y ya no sabes qué hacer con ella, pues ningún dinero le alcanza.

Lo importante es reconocer los sentimientos, pero *sin colgarse de los hijos*. Con esto quiero decir que no debes esperar que tus hijos te ayuden, que no se peleen sólo porque estás triste o enojado, que entiendan tus explosiones de mal humor, o que se atengan a tus estados de ánimo volubles. De ninguna manera. Lo que hagas con tus sentimientos es tu responsabilidad y nunca debes permitir que tus hijos se sientan responsables de lo que tú estás sintiendo. Nunca les digas: "Si estoy triste es porque te sacaste malas calificaciones", "siempre me haces enojar" o "por tú culpa me siento así". Si te descubres haciendo esos comentarios, diles que te expresaste mal, diciéndoles, por ejemplo: "Mira, mi tristeza no tiene que ver con tus malas calificaciones, pero me preocupan. ¿Qué crees que podamos hacer para mejorar tus notas el próximo mes? ¿Necesitas que te ayude en algo?" O: "Tú no me haces enojar, lo que sucede es que cuando regreso del trabajo y veo la casa hecha un desastre, me pongo de muy mal humor. Me gustaría que hicieras un esfuerzo por guardar las cosas que sacas, ¿cómo sugieres que lo hagamos?" También: "Discúlpame, te eché la culpa de lo que estoy sintiendo y eso no se vale. Yo soy responsable de lo que siento y no tiene nada que ver contigo." Muchos padres consideran que pedir perdón es una muestra de debilidad, sin embargo, ¿cómo pueden aprender los hijos a pedir perdón o a perdonar si no ven que sus padres reconocen sus errores? Si te equivocaste, reconócelo. Es la mejor manera de modelar un comportamiento semejante en tus hijos.

Cuando expreses tus sentimientos, especialmente el enojo, deberás hacer hincapié en la acción, no en la persona. Si tu hijo rompió una ventana jugando a la pelota, no le digas. "Eres un malcriado y me haces enojar", sino: "Me enoja que juegues a la pelota cuando sabes que no está permitido. ¿Qué piensas hacer para solucionar el problema?" Siempre debes hacer que tus hijos se responsabilicen de sus acciones, pues sólo así podrán ser autosuficientes.

La expresión de sentimientos no se limita a los tuyos, también debes hacer que tus hijos los expresen. ¿Cómo? El primer paso es tu ejemplo. El segundo es darles un ambiente propicio para hacerlo.

Toma en cuenta que los niños no expresan lo que están sintiendo sólo porque sus padres se los pregunten. Si de pronto llegamos con una niña y le decimos: "¿Qué sientes por el divorcio de tus padres?" Lo más probable es que la mera pregunta la haga "cerrar" todas sus emociones y responda: "Nada." Enfrentar la realidad del divorcio en toda su extensión resulta tan difícil para los niños, que las sensaciones y las ideas se bloquean, dejándoles una sensación de vacío. Para conocer los sentimientos de tus hijos, lo primero que debes hacer es ganarte su confianza.

Empieza poco a poquito. Jueguen, realicen una actividad constructiva o vean una película. Si está jugando tu hija y de pronto se enoja porque, por ejemplo, no puede poner una pieza en el rompecabezas, felicítate: ha llegado tu momento de comenzar a hablar de los sentimientos. Pregúntale qué le pasa. Pídele que dibuje lo que está sintiendo, de preferencia en un globo de helio, y una vez que lo haya hecho, pregúntale qué quiere hacer con el globo (o con el pedazo de papel). ¿Quiere guardarlo?, ¿quiere romperlo?, ¿o quiere soltarlo? Explícale que el enojo es algo normal, pero que tenemos que aprender a manejarlo para no dañar a los demás. Platiquen sobre las maneras adecuadas de expresar el enojo, pero nunca continúes la plática cuando sea evidente que tu hija está aburrida. Cuando se haya calmado, sigan jugando al rompecabezas. Lo mismo cuando vean una película. Después de verla platiquen de los sentimientos que el protagonista pudo haber experimentado y pídele que te diga qué suele hacer ella cuando experimenta dichos sentimientos.

El objetivo de lo anterior es aumentar la convivencia y la confianza, pues entre más confianza tenga un niño con sus padres, más factible será que les platique lo que está sintiendo o pensando. Ganarte la confianza de tus hijos es una tarea de todos los días y comienza con actividades sencillas. Si el niño aprende que puede jugar contigo a lo que quiera y que tú no irás por allí diciéndole, por ejemplo, que los perros no vuelan o que no debe mecer al bebé en un cochecito, poco a poco se abrirá contigo.

Si estás leyendo este libro es porque te interesa el bienestar de tus hijos —o de tus nietos, o de los hijos de tu hermano, o de tus alumnas—, entonces no cometas el error de querer averiguar de una vez todo lo que están sintiendo. Si te comportas como agente del Ministerio Público y procedes con una serie de preguntas, lo único que conseguirás será que tus hijos se cierren aún más. Ten un poco de paciencia, no importa si al principio el niño no toca el tema del divorcio, si tú le das confianza, poco a poco lo hará.

La confianza es de suma importancia para cimentar una buena relación con un hijo. Sin embargo, como padres, generalmente y sin querer violamos la confianza de los hijos. Cuando nuestros niños son pequeños, tendemos a creer que sus cosas son poco importantes y a veces compartimos secretos que para ellos son trascendentes. O a veces, pretendiendo ayudarlos, les decimos a otros cosas que no deberían saber (como, por ejemplo, decirle al excónyuge que nuestra hija nos dijo que su tía Juana, la hermana del ex, le cae muy mal). Siempre resérvate las confidencias que tus hijos te hagan, sin importar su edad —a menos que sospeches de un caso de abuso sexual o psicológico.

Aunque hayas cimentado la confianza y les proporciones a tus hijos un ambiente propicio para hablar —que casi siempre está relacionado con el juego o con actividades relajadas—, no esperes que mágicamente comiencen a decirte lo que están sintiendo, ni tampoco esperes que sus expresiones sean directas y precisas.

¿Alguna vez te has desquitado con alguien porque otra persona te hizo enojar? ¿Alguna vez has tenido miedo y fingido enojo?

¿Alguna vez has estado triste y jurado que nada te pasa? Seguramente. Lo mismo les ocurre a los niños. Algunas veces sienten ira contra uno de sus padres y "se enojan" con el otro. Otras veces sienten miedo del rechazo y hacen todo para que éste suceda. Y otras más están tristes por el divorcio de sus padres y dicen que están tristes por otra cosa: por haber perdido un juguete, porque se secó una flor o por lo que sea.

Así que, si realmente quieres ayudar a tus hijos a expresar sus sentimientos, mantén muy fría la cabeza y no te dejes llevar por las apariencias, ni por tu mal humor. Por ejemplo, un niño puede estar esperando a su papá y en el último momento éste llama para decirle que no podrá ir, porque tiene que salir de viaje por motivos de trabajo. El niño finge que nada ha pasado y acto seguido se pone a ver la tele. A los pocos minutos, la mamá entra y busca una cosa sobre el mueble en el que está la televisión, obstruyendo la visión de su hijo. El niño entonces estalla. Se enoja con la mamá, avienta el control de la televisión y se va a su cuarto. ¿Qué puede hacer la madre —o el padre, o la abuela, o la tía— en un caso así? Lo primero es contar hasta diez —o hasta mil— pues lo más lógico es que, ante una reacción así, cualquier persona pierda los estribos, gritando quizá: "¿Pero qué demonios te pasa? ¡No te desquites conmigo, yo no te hice nada!" O: "¡Te quedas castigado en tu cuarto hasta la hora de la comida!" Con una reacción así, el niño sólo se "cerrará" más y cualquier posibilidad de comunicación con él se irá a tierra. Lo que se debe hacer en un caso como éste, es dejar que pasen unos minutos para que tanto el niño como la madre se calmen. Luego, la madre debe ir al cuarto del niño, tocar la puerta y convencerlo de que abra. Cuando el niño haya abierto, la madre puede decirle algo como: "Noto que estás muy enojado, ¿qué te pasa?" Seguramente el niño dirá algo como: "Es que tú nunca me dejas ver la televisión, siempre que la prendo te pones a buscar cosas sobre el mueble", o cualquier otra cosa que nada tiene que ver con el hecho de que no vea a su padre. La madre deberá continuar hablando con el niño, explicarle que azotar una puerta no es una manera adecuada de expresar el enojo, y sugerirle otra, como puede ser el ejemplo del globo. (Algunos padres les sugieren a sus hijos que golpeen una almohada o algo semejante para dejar salir su enojo, esto aparentemente resulta eficaz, sin embargo, estudios recientes realizados con estudiantes universitarios, han demostrado que quienes expresaron su enojo mediante golpes controlados terminaron más enojados que quienes trataron de distraerse con alguna otra actividad, como hablar por teléfono, usar la computadora o practicar ejercicios de respiración. No obstante, es mucho mejor que el niño exprese su enojo golpeando una almohada que haciéndose daño a sí mismo o a los demás.) Cuando el niño se haya calmado, la madre puede ayudarle a dilucidar las razones de su enojo, pero sin hacer que llegue a conclusiones inducidas. No debe decirle: "Estás enojado porque tú papá no vino por ti", mejor: "¿crees que haya alguna otra razón por la que estés enojado?" o "¿crees que el hecho de que hoy no vayas a ver a tu padre tenga algo que ver con tu enojo?" La respuesta del niño deberá ser respetada. Lo más importante es enseñarle maneras adecuadas de expresar su enojo y, sobre todo, no incrementarlo.

Cuando tu hijo se enoja...

1) **Es importante "espejear" a un hijo enojado.** Esto quiere decir identificarte con su emoción, más que con su grito o con su actitud. Es traspasar la barrera del enojo y conectarte con la emoción que tu hijo está sintiendo. Si ves que tu hijo está haciendo un berrinche o está triste, espejearlo sería decirle: "Te noto enojado conmigo." O: "Te noto descontento, te noto triste." Espejear es verbalizar lo que está pasando.

2) **Identifica la causa y evita reaccionar abruptamente.** Si tu hijo comienza a gritarte sin razón aparente, tu reacción inicial sería gritarle de regreso: "¡No me grites!" Generalmente lo que hacemos ante el enojo de un hijo es defendernos o justificarnos. Sin embargo, es crucial que te contengas y trates de identificar la causa de su enojo, para ayudarle a expresarlo en palabras, o en dibujos si es muy pequeño.

3) **Hazle saber que para ti es importante lo que está sintiendo y pensando.** Déjale muy claro que no estás juzgando si lo que siente es correcto o incorrecto. Si tú le dices a un niño: "te veo muy triste, pero no tienes razón de estar así", sólo lo estarás perjudicando, pues las emociones no tienen una razón de ser. Lo que hay que calificar es la manera de expresar las emociones pero no las emociones, diciendo, por ejem-

plo: "Te veo muy enojado, pero no tienes por qué patear la puerta." Ayuda a tu hijo a sustituir las actitudes con palabras para que pueda verbalizar la emoción en vez de actuarla. El chiste es no juzgar si su emoción es buena o mala.

4) Por último, hay que ofrecer posibles soluciones. Hay que ayudar al niño a buscar alternativas para su enojo. "Entiendo que estás muy enojado y muy triste, a lo mejor tiene que ver con A, B o C. ¿Qué sugieres que hagamos al respecto?"

Algunas personas, se sienten tan lastimadas por las faltas que comete su excónyuge, que aprovechan la ocasión para recalcárselas al hijo, diciendo, por ejemplo: "¿Crees que el hecho de que tu padre *nunca cumple lo que dice* tenga algo que ver con tu enojo?" O: "Comprendo que el maldito de tu padre te haya hecho enojar." Nunca debes poner a tu hijo en contra de alguno de sus padres, pues sólo lo perjudicarás.

Si a pesar de tus esfuerzos el niño sigue sin expresar sus sentimientos, ten paciencia. Si su enojo no hace que tú pierdas los estribos, poco a poco irá aprendiendo mejores maneras de expresarlo. Además, lo importante es que tu le demuestres respeto y confianza, pues con esos elementos tu hijo entenderá que puede contar contigo.

También es fundamental tomar en cuenta que muchos niños "intercambian" sentimientos, así, se muestran enojados cuando en realidad están tristes, lloran cuando se enojan, o se retraen cuando sienten rabia. La mejor manera de mostrarles a tus hijos a diferenciar sus sentimientos es con ejemplos cotidianos. Digamos que una planta que le compraste se secó y el niño se pone a hacer un berrinche terrible. Lo primero que deberás hacer es ayudarle a calmarse y luego explorar lo que siente. Posiblemente el niño esté *enojado* consigo mismo por no haber regado la planta, y *triste* porque la planta se secó. Ayúdale a reconocer y expresar sus sentimientos, a responsabilizarlo de sus acciones —sin culparlo— y a encontrar una solución: quizá la planta todavía no esté muerta y con un poco de cuidados pueda volver a florecer; si está muerta, ayúdale a lavar la maceta y a idear un plan de ahorro para comprar otra. Recuerda que el juego y las actividades cotidianas son esenciales para conocer los sentimientos de tus hijos; si el niño aprende a expresarse a través del juego, después le será más fácil hacerlo en momentos difíciles.

Por último: nunca te adjudiques los sentimientos de tus hijos. Recuerda que tú eres responsable de tus sentimientos y que no debes enojarte con tus hijos sólo porque ellos están enojados contigo. Nunca olvides quién es el adulto y si en alguna ocasión lo olvidas y te dejas llevar por tus emociones, enmienda tu falta, diles, por ejemplo: "Te grité muy feo, discúlpame." Tus hijos te lo agradecerán.

Capítulo II

Pérdidas y cambios

Recuerda que la oportunidad sólo llama a la puerta;
alguien tiene que pararse y dejarla entrar.

Mavis Hetherington.

Tras un divorcio o una separación se suscitan muchos cambios tanto para los padres como para los hijos. "Durante los primeros dos años después de un divorcio, tiempo comúnmente conocido como 'periodo de crisis', el cambio —a menudo sucesos drásticos— se convierte en una forma de vida. Hombres, mujeres y niños cambian papeles, residencia, clase social, hábitos sexuales, forma de vestir, cortes de pelo, comportamiento personal y carreras profesionales".[1] Aunque he constatado estos cambios una y otra vez en las muchas personas que han visitado mi consultorio durante y después de la separación y el divorcio, muchos de los datos que aparecen en este capítulo están tomados del libro *For*

---

[1] E. Mavis Hetherington y John Kelly, *For Better or for Worst: Divorce Reconsidered*, W.W. Norton & Company, Nueva York, 2002, p. 44.

Better or for Worst: Divorce Reconsidered (*Para bien o para mal: El divorcio reconsiderado*) de la doctora Mavis Hetherington, quien, a partir de tres estudios llevados a cabo, en total, durante más de 30 años con más de 1 400 familias estadounidenses divorciadas —tomando como grupo de control a familias no divorciadas—, ha obtenido resultados sorprendentes que me han permitido tener una perspectiva más amplia y más clara sobre la realidad del divorcio y cómo éste afecta a las familias y en especial a los niños —sirva esta nota y las futuras referencias para expresar mi reconocimiento a la maravillosa labor de esta mujer.

Entre los cambios más notorios y comunes que se presentan tras el divorcio podemos destacar los aspectos familiares, domésticos, económicos, emocionales y sociales, así como las relaciones íntimas y sexuales. A continuación analizaremos cada uno de estos cambios, haciendo hincapié en cómo afectan a los niños y qué podemos hacer para ayudarles a enfrentarlos y evitarles pérdidas emocionales severas.

Aspectos familiares

Lo primero, y lo más evidente, que pierden los niños tras un divorcio o una separación es la convivencia diaria con uno de sus padres. Aunada a esta pérdida, el padre que se queda con la custodia, debido al estrés y los cambios que supone una separación, por lo general también se distancia de sus hijos.

Aunque la primera es una pérdida que no puedes evitarle a tus hijos, puedes minimizarla. Si eres el padre o la madre que ya no vive con sus hijos (es decir, si eres el padre no residente), llámalos siempre que puedas, pues así sabrás cómo les ha ido y les demostrarás interés y amor. También trata de verlos la mayor lo más posible. Conozco padres divorciados que pasan por sus hijos diariamente para llevarlos a la escuela; esto beneficia mucho a los niños y, por supuesto, también a los padres. Si tu horario de trabajo o las distancias no te permiten llevar a los niños a la escuela, trata de llevarlos cuando menos una vez al mes o recogerlos para ir a comer una vez a la semana. A los niños les hace bien que el padre que no vive con ellos también participe de sus actividades cotidianas, pues es durante esos momentos cuando los niños van estableciendo los vínculos que les permitirán una verdadera relación afectiva. Para fortalecer la unión de los padres no residentes con sus hijos es muy recomendable que los niños se queden a dormir con ellos una o dos noches cuando menos cada 15 días. Sé que muchas personas prefieren que sus hijos sólo visiten al padre o la madre no residente durante el día y regresen a dormir a su casa. Sin embargo, las "idas a dormir" fortalecen el vínculo entre padres e hijos permitiéndoles una mayor convivencia y una relación afectiva más estrecha.

Por otro lado, si tú eres quien recibió la custodia de tus hijos, apóyalos cada vez que vayan a visitar a su padre o madre. Nunca los chantajees ni les digas lo mal que te sentirás mientras ellos salen. Nunca. Ayúdalos a descubrir que pueden convivir con su madre y con su padre sin que ello suponga lastimar a cualquiera de ellos. No los castigues negándoles las salidas, pues ni el amor ni la convivencia son susceptibles de ser "castigados", sin importar qué tan mal se hayan portado tus hijos. Nunca les prohíbas convivir con el padre no residente; la única excepción a esta regla es cuando la convivencia supone un riesgo real para los hijos, es decir, si su madre o su padre tiene un problema de drogadicción o de alcoholismo, si tiene antecedentes delictivos o si sospechas que ha intentado abusar sexualmente de ellos o de cualquier otro menor. Quizá en este momento te sientas tan herido por tu expareja —por la manera en que te ha tratado y te ha lastimado, por todo lo que hizo o dejó de hacer— que tengas ganas de hacer *todo lo contrario* de lo que aconsejo en el párrafo anterior. Sí, es probable que no quieras verla, que quieras hacerla sufrir, hablar pestes de ella, tomar venganza o incluso negarle a tus hijos. Todos estos sentimientos son normales; sin embargo, recuerda que lo importante no es lo que sentimos sino lo que hacemos con lo que sentimos. Si tú te vengas de tu expareja hablando mal de ella con tus hijos o negándoles su presencia, *los más perjudicados serán tus hijos*. Así que, por lo que más quieras (por tus hijos), haz un esfuerzo para controlar tus impulsos. Ellos te lo agradecerán. Además, ten presente que cuando uno de los padres habla mal o maltrata al otro, *los hijos tienden a tomar partido por el padre criticado o maltratado*. A la larga, la venganza hacia el cónyuge termina siendo un tiro por la culata, se revierte contra el que la ejerce.

Para cualquier niño, y especialmente al principio, resulta bastante difícil acostumbrarse a pasar los fines de semana en otra casa —aunque sea la casa de su adorado padre o de su queridísima madre. Ten esto en mente y trata de hacerles las cosas más sencillas. Por ejemplo, si tienes la custodia de tus hijos, haz todo lo posible para arreglar sus maletas desde el día anterior y hablar con tu excónyuge para saber qué tipo de ropa necesitan y a qué hora pasará a buscarlos. Si haces las cosas con calma, al menos les ahorrarás el terrible estrés que suponen las prisas. También trata de hacerles comentarios positivos antes de la salida y deséales que la pasen bien. Si sucediera que tu ex pasa a buscarlos más tarde de lo acordado, no te pases el tiempo mencionándoles la tardanza y contando los minutos, más bien trata de distraerlos y aprovecha el tiempo extra para jugar con ellos; otro día, ya sea en persona o por teléfono, y sin que tus hijos te escuchen, podrás discutir tu molestia con el impuntual.

Por otro lado, si tu eres quien no vive con tus hijos —con la excepción de enfermedad grave, posibilidad de despido laboral o muerte—, cumple siempre lo que prometas a tus hijos. Si quedaste de pasar por ellos a cierta hora, ¡cumple!, pues nada mortifica más a los niños que esas largas esperas en las que no saben si su padre o madre va a llegar por ellos o no. Si se te atraviesa algo grave —y sólo grave— habla con ellos y explícales, nunca dejes que sea tu ex quien dé las explicaciones, sin importar qué tan bien te lleves con él o con ella. Tras un divorcio o una separación, generalmente los niños tienen la fantasía de que el padre no residente *se irá para siempre* y cuando éste no se presenta a una cita y no habla con ellos al respecto, los niños sufren innecesariamente. Si estableces una buena comunicación con tus hijos y les dices constantemente que los quieres, poco a poco irán desechando dicha fantasía y aprenderán que a pesar del divorcio el amor de sus padres hacia ellos sigue incólume.

Aunque es común que a raíz de un divorcio los niños pierdan la convivencia con abuelos, primos, tíos y demás parientes, las cosas no deberían ser así. El hecho de que tú y tu cónyuge hayan decidido divorciarse no supone que tus hijos deban "divorciarse" de toda su parentela. Haz todo lo posible para que esto no ocurra. Ya suficientemente doloroso es para un niño el proceso de divorcio para que además deba perder a sus abuelos, sus primitos y sus tíos. Sé que en ocasiones lo último que quiere hacer un divorciado es tener que ver a los suegros, los cuñados, los concuños y demás personas. Sin embargo, recuerda que tu exfamilia política sigue siendo y siempre será *la familia* de tus hijos y no tienes derecho a quitársela. ¿Recuerdas las tardes en casa de tu abuela, las horas de juego con tus primos o las salidas con tus tíos? Esos recuerdos de la infancia serán los que les estarás quitando a tus hijos en caso de negarles la convivencia con la familia de tu excónyuge (abordaremos este tema con más amplitud en el capítulo seis).

Tras un divorcio, los padres están tan estresados que frecuentemente se benefician mucho con la ayuda de sus familias. Si durante las primeras etapas después de tu rompimiento sientes angustia, rabia o depresión, pídele a tus padres o a tus hermanos que lleven a tus hijos a tomar un helado o pasear alguna tarde. A los niños les hace bien saber que siguen contando con sus seres queridos y a ti te hace bien descansar. No te exijas demasiado, las primeras etapas tras una separación son difíciles y debes darte tiempo para ti, pues sólo así podrás tener las fuerzas necesarias para afrontar tu nueva vida.

Aspectos domésticos

"El divorcio destruye los ritmos y estructuras reconfortantes de la vida familiar, especialmente las que hacen que la vida del niño sea ordenada y predecible." Con un divorcio, las tareas que comúnmente realizaban dos personas recaen sobre una sola y el caos doméstico hace su aparición.

Camas destendidas, comidas sin preparar, refrigeradores vacíos, ropa sin lavar, armarios desordenados, niños despeinados, patines en medio del pasillo, prisas y compras de emergencia son muy comunes durante las primeras etapas después de un divorcio. Según las conclusiones de la doctora Hetherington el caos doméstico afecta mucho más a las madres que conservan la custodia de sus hijos que a los padres (que constituyen 14 por ciento del estudio). Pues aunque los papás que conservan la custodia de los hijos también se sienten abrumados por las múltiples demandas familiares, generalmente cuentan con ciertos elementos que les permiten aminorar sus cargas y que las madres no tienen a su disposición. Uno de estos elementos es el dinero, mediante el cual pueden contratar ayuda doméstica, y el otro es que, cuando se trata de la crianza de los hijos, la sociedad es más condescendiente con los varones que con las mujeres. "En los hogares dirigidos por el padre, es más común que a los hijos se les pida que mantengan sus recámaras en orden, que ayuden a lavar los platos, a cocinar o limpiar el patio, pues los varones son menos vulnerables a sentirse culpables cuando no llevan a cabo todas las tareas domésticas."

Por otro lado, a quienes más afecta el caos doméstico tras una separación es a los hombres que viven solos. Generalmente —y a pesar de la "modernidad"— los varones aún se apoyan en una mujer (ya sea su esposa, su novia, su madre o una empleada) cuando se trata de realizar las labores domésticas. Por lo tanto es muy común que el recién divorciado no posea las habilidades necesarias para surtir su despensa y mantener su casa en orden.

Sin embargo, los varones recién divorciados cuentan con dos ventajas. Una son las novias, que a diferencia de los novios, generalmente tienen muchas ganas de ayudarles con las tareas domésticas y con los hijos. La otra son lo que llamamos las 'damas-cacerola'. Éstas son las vecinas, amigas o parientas que aparecen en la puerta, con la cena caliente en una cacerola, durante las noches en las que estos hombres tienen a sus hijos de visita.[2]

---

[2] *Ibid.*, pp. 46- 47.

Resulta interesante resaltar que en treinta años de estudio, la doctora Hetherington jamás encontró un hombre-cacerola.

No obstante, a muchos hombres que viven solos les gusta cocinar y tienen un gusto innato por la decoración; a éstos los aspectos domésticos no sólo no les afectan sino que incluso los disfrutan. Recuerdo a un amigo que, tras su divorcio, me dijo: "Extraño muchas cosas de mi matrimonio, especialmente a mis hijos, pero el divorcio me ha dado la oportunidad de tener mi espacio como a mí me gusta y de volver a cocinar. Ésas son dos cosas que aprecio muchísimo, y para serte sincero: en eso me va mucho mejor que cuando estaba casado."

Ahora que sabes que el caos doméstico es un visitante usual en las casas de los divorciados, ¿qué puedes hacer? Durante los primeros meses en realidad muy poco, pues son tiempos tan difíciles que casi nadie tiene las fuerzas necesarias para ponerse a fregar los pisos o arreglar los clósets. Así que sé condescendiente contigo y no te exijas demasiado: unos cuantos meses de desorden no arruinarán tu vida ni la de tus hijos.

De cualquier modo, existen algunas sugerencias[3] que han ayudado a muchos padres y que sin duda encontrarás de utilidad:

Baja tus expectativas: Muchas personas consideran que un hogar ordenado y funcional debe parecerse a las fotografías que aparecen en las revistas de decoración o en las películas. Nada está más lejos de la realidad, y sobre todo, de la *reali-*

---

[3] Muchas de las sugerencias que aparecen a continuación fueron tomadas de *The Single Parent's Almanac*, de Linda Foust, Prima Publishing, E. U., 1996, pp. 116-138.

dad de los divorciados. Así que si quieres volver a disfrutar de tu casa —y de tus hijos—, olvídate de la perfección y piensa en términos de "suficientemente bueno" cuando se trate de las tareas domésticas, las comidas, el aseo de la ropa, el orden de los clósets, etcétera.

Cambia tu manera de hacer las cosas: Quizá en tu infancia aprendiste que para hacer una cama había que quitar todas las sábanas, dejarlas orear y luego tenderla. Quizá te enseñaron que toda la ropa, incluyendo los calzones, tenía que ser planchada, almidonada y doblada. O quizá durante la comida te servían cinco platos (entrada, sopa, arroz, guisado y postre). Olvídate de lo que aprendiste y facilítate las cosas: estira las sábanas, no planches más que lo absolutamente necesario y prepara un solo plato, por ejemplo una pasta que incluya verduras y carne (en lo referente a la comida, haz que la nutrición sea tu objetivo, no la complicación). Es mucho más importante que el tiempo que tengas libre lo uses para jugar y convivir con tus hijos que para tener tu casa reluciente. Nunca he tenido un paciente que se queje de que su mamá (o su papá) no tendía bien las camas o no trapeaba bien, pero muchos me dicen con tristeza que les hubiera gustado que jugaran y estuvieran más tiempo con ellos.

Haz dos cosas a la vez: Mientras hablas por teléfono, aprovecha para hacer tareas silenciosas, como doblar la ropa, coser botones, sacudir, guardar los trastes o planchar (es recomendable comprar un teléfono inalámbrico de audífonos, como los que usan las recepcionistas).

Cuando tengas que realizar largos recorridos en automóvil, platica con tus hijos; o si estás a solas, escucha audiolibros o música, estudia algún idioma o prepara lo que vas a decir en tu próxima junta de trabajo. Si tienes que esperar en la antesala de un médico o mientras tus hijos toman una clase, usa ese tiempo para balancear tu chequera, para leer, estudiar, hacer la lista de la compra u ordenar tu bolso. Haz ejercicio mientras ves la televisión. Y lo más importante: cuando descanses, trata de olvidarte de tus preocupaciones y *realmente* descansa.

Simplifica: Poco a poco ve deshaciéndote de las cosas que no usas (y también de las que crees que uno de estos días vas a usar). Entre menos cosas tengas, más fácil te será ponerlas en orden. Sin embargo, no quieras ordenar todo a la vez: con 20 minutos diarios es suficiente. También simplifica la manera que tienes de guardar las cosas. Compra canastas o contenedores plásticos para que tus hijos guarden sus juguetes y deja que sean ellos quienes se hagan cargo de sus cosas.

Disfruta lo que haces: Te guste o no, tendrás que llevar a cabo las labores domésticas, así que trata de disfrutarlas y conserva tu sentido del humor. Pon música y trata de hacerlas de buena gana. Si definitivamente las odias, por lo menos finge que te gustan y no te quejes. Si tus hijos te ven quejándote cada vez que tienes que lavar los platos, lo más probable es que ellos también terminen odiando dicha tarea. Recuerda la trillada frase de que los niños aprenden mucho más con el ejemplo que con las palabras.

Date tiempo para entrenar a tus hijos: En su libro, Linda Foust dice que "los estudios demuestran que los niños que viven con uno de sus padres realizan menos labores domésticas que los niños que viven con sus dos padres", ¿puedes creerlo? Esto se debe en gran medida a que es más fácil hacer las tareas que les corresponden a los niños que enseñarlos a hacerlas. Ciertamente te tomará tiempo y esfuerzo entrenar a tus hijos para hacer sus labores, sin embargo, es importante que lo hagas: en primer lugar porque tus hijos necesitan aprender a ser responsables y autosuficientes, y en segundo lugar, porque *tú* necesitas que te ayuden.

Ayuda doméstica: Considera la posibilidad de reducir algunos gastos y contratar a alguien que te ayude con las tareas domésticas. O, de no ser posible, ponte de acuerdo con algún otro padre divorciado y distribúyanse las tareas. Conozco a una mujer que odiaba cocinar por sobre todas las cosas y llegó a un trato conveniente con una de sus vecinas: ella lavaba y planchaba la ropa de su vecina, a cambio de que la vecina preparara la comida.

Aspectos económicos

Las dificultades financieras afectan tanto a hombres como a mujeres tras un divorcio. Sin embargo, según el *Virginia Longitudinal Study* (VLS):

> ...no se puede negar que las mujeres generalmente sufren más que los hombres debido a que su ingreso desciende más abruptamente.

Un año después del divorcio, las mujeres solas y los niños estaban viviendo con menos de la mitad del ingreso que las familias no divorciadas —16 000 dólares anuales contra 33 000 (dólares de 1970). Para la quinta parte de las mujeres del estudio que habían recurrido a la asistencia pública [...] el divorcio no sólo les produjo dificultades económicas sino completa pobreza. [...] Una cuarta parte de los hombres del VLS no proporcionaban ningún tipo de apoyo económico; 50 por ciento proporcionaba apoyo inconsistente. Sólo una cuarta parte de los hombres del estudio cumplía con sus obligaciones financieras con regularidad y de acuerdo con las cantidades estipuladas por la Corte.[4]

Ciertamente mantener dos casas sale más caro que mantener una, así, incluso las mujeres que recibían dinero por parte de sus exmaridos puntualmente se quejaban de que no les alcanzaba para mantener a sus familias.

Los varones, especialmente aquellos que rara vez veían a sus hijos o que tenían poco control sobre la vida de éstos, tenían la queja contraria: ¿por qué debían pagar por una familia que ya no tenían? Las exesposas que no hacían ningún esfuerzo por volverse económicamente independientes eran blanco de la ira masculina. Adicionalmente, muchos hombres se quejaban de que la necesidad de mantener dos casas con un solo salario y de pagar las obligaciones con sus niños los privaban de una vida confortable y de la posibilidad de volverse a casar.[5]

Como podemos ver, el hecho de mantener dos casas resulta tan difícil, que son muy pocas las personas para las que el divorcio no implica problemas económicos. Uno podría pensar que para las

---

[4] E. Mavis Hetherington y John Kelly, *op. cit.* pp. 48-49.
[5] *Ibid.*

personas más ricas, el divorcio no constituye un problema, no obstante, en mi experiencia he visto que los problemas de dinero se tornan más agudos entre más dinero hay de por medio; de hecho, muchas personas deciden no divorciarse legalmente precisamente para no tener que dividir sus propiedades.

Ahora que hemos visto las problemáticas económicas más comunes que se suceden tras un divorcio, ¿cómo podemos ayudar a nuestros hijos a salir de ellas mejor librados?

En primer lugar, *nunca discutir asuntos económicos en su presencia*. Los niños no tienen por qué saber los problemas económicos que tienes con tu excónyuge o personalmente. En este sentido, existen dos errores que los padres cometen con regularidad: por un lado están los padres que les explican a sus hijos con lujo de detalle los problemas económicos que están atravesando, esperando que los niños puedan entenderlos. Y por el otro están los padres que hacen todo lo posible para que los niños no se den cuenta de que la situación económica familiar ha cambiado. Las personas que se encuentran en el primer caso tienden a sentirse víctimas de la situación y, usando frases como: "si tan solo tuviéramos más dinero...", "si tu padre fuera un verdadero hombre, yo no tendría que trabajar", o "si tu madre no gastara tanto, yo podría pagarte una mejor escuela", van haciendo que los niños comiencen a temer por su seguridad. Ciertamente el dinero es muy importante, pero éste nunca debe convertirse en motivo de angustia para los niños. En el segundo caso están los papás que quieren "comprar" el tiempo que les falta con sus hijos, tengan o no tengan dinero. Conozco un hombre que estaba atravesando por una situación económica terrible y sin embargo, con tal de que su hijo adolescente no se enterara de sus problemas financieros, se metió a un plan de financiamiento ¡para comprarle un auto del año! En este grupo también encontramos a los padres no residentes y a muchas mujeres que trabajan que hacen que todas las salidas de fin de semana con sus niños se conviertan en "Disneylandia", o los colman de regalos y sorpresitas. Por lo general se trata de personas que buscan reducir la culpa que sienten por no estar con sus hijos de tiempo completo y cuando los ven los llevan a parques recreativos, al teatro, al cine y les compran cuanta cosa se les ocurre. No hay nada de malo en llevar a tus hijos a divertirse, pero nunca pierdas de vista que dinero no equivale a diversión y que a los niños les resulta más benéfico jugar contigo o hacer un proyecto en común que ir a los parques de diversiones más caros y tener los juguetes más costosos.

Ninguna de las actitudes anteriores resulta benéfica para los niños. La primera les causa angustias innecesarias o resentimiento con uno de sus padres, y la segunda los hace sentir que merecen todo y al final del camino llegan a equiparar dinero con amor.

Para cualquier padre resulta doloroso saber que no cuenta con los medios para darle a sus hijos todo lo que quisiera, sin embargo, haciendo que tus hijos carguen con tus problemas económicos, "comprando" su cariño u ocultándoles que tu situación económica ha cambiado, no conseguirás nada bueno.

Para muchas personas la mala situación económica es el mayor problema que enfrentan tras un divorcio. ¿Qué hacer? Éste no es un libro de economía o finanzas, sin embargo, a lo largo de mi trayectoria he visto una constante: el miedo es el peor aliado para que las situaciones económicas mejoren. Por lo general al separarse o divorciarse, las personas, especialmente las mujeres, experimentan terror ante su futuro económico y se conforman con el primer trabajo que se les presenta. Muchas mujeres no cuentan con preparación académica ni con experiencia profesional y en algún momento, casi siempre durante los dos primeros años tras el divorcio, "deciden" que su situación nunca mejorará y siempre tendrán que vérselas negras; sin embargo, existen muchas mujeres que optan por caminos que en un inicio son más difíciles pero que a la larga les aportarán mejores resultados.

Karen se divorció a los 37 años. Se había casado al terminar la preparatoria y nunca en su vida había trabajado. Cuando se separó —su proceso de divorcio fue bastante doloroso y nada civilizado—, Karen se quedó con la custodia de sus cuatro hijos y con la mitad del gasto mensual que tenía cuando estaba casada. Angustiada, Karen aceptó el primer empleo que le ofrecieron en una pequeña papelería. Trabajaba de nueve a tres y ganaba muy poco, pero al menos su horario le permitía estar con sus hijos por las tardes y solventar algunos de sus gastos. Con el paso de los meses, la situación económica de Karen fue empeorando cada vez más: el coche se descompuso, la renta de su departamento aumentó y dos de sus hijos ingresaron a la secundaria. ¿Qué hacer? Karen tenía dos opciones: cambiarse de casa o irse a vivir con su madre. La idea de mudarse con su madre le resultaba aterradora, pero si lo hacía, Karen podría ahorrarse la renta del departamento y con ese dinero pagar la colegiatura de sus hijos y entrar a estudiar. Se decidió por la segunda opción. Karen se fue vivir a casa de su madre, habló con sus dos hijos mayores y les explicó que necesitaban subir su promedio si querían seguir estudiando en la misma escuela. Al cabo de unos meses, uno de sus hijos consiguió media beca y con ese dinero Karen pudo meterse a estudiar. Aunque al principio Karen tuvo bastantes problemas con su madre, especialmente en lo concerniente a la educación de sus hijos, al cabo del tiempo comprendió que si quería que su situación mejorara, tendría que aceptar que durante el tiempo que su madre estuviera con sus hijos, éstos tendrían que aceptar las reglas de la abuela. A Karen siempre le había gustado la cocina, su sueño era tener una empresa de banquetes, pero no tenía idea de cómo comenzar; así que optó por un curso de contabilidad y administración de empresas que tenía una duración de dos años. Seis meses transcurrieron y Karen seguía sin comenzar su negocio: tenía terror de perder el pequeño ingreso que estaba recibiendo como empleada de la papelería. Cada día se decía lo mismo: "Cuando consiga a mi primer cliente, dejo la papelería." Pero el cliente no llegaba, pues al salir del trabajo, Karen se iba por sus hijos pequeños a la escuela, esperaba a que los mayores llegaran a la casa, comía con ellos y a las seis entraba a la universidad. ¿A qué horas podía conseguir los clientes y preparar la comida para su negocio de banquetes? Asustada como estaba y en contra de lo que opinaba su madre, Karen decidió vender su coche, dejar la papelería y ponerse a organizar su pequeño negocio. El dinero que recibió por su automóvil se esfumó con la compra de la computadora, la línea de teléfono y el equipo que necesitaba para iniciar su negocio. Sin embargo, al cabo de dos meses, Karen firmó su primer contrato: una boda para 50 personas. El dinero de ese primer cliente se le fue en pagar colegiaturas atrasadas y parte de un préstamo que había pedido. Sin embargo, al cabo de un año, Karen podía pagar sus gastos con el dinero que le dejaba su negocio de banquetes, incluso había contratado cocineras y meseros. Ocho meses después de que Karen terminó su curso universitario, pudo alquilar una cocina para su negocio y después de cinco años de vivir con su madre, Karen consiguió ahorrar lo suficiente para asegurar la universidad de al menos uno de sus cuatro hijos y pudo volver a rentar un departamento. Al tomar la decisión de vivir con su madre, de meterse a estudiar y dejar la papelería, Karen hizo un enorme esfuerzo de bastantes años, pero al final de cuentas pudo darle un giro positivo a su vida. Si Karen se hubiera cambiado de casa y hubiera conservado su trabajo en la papelería, lo más probable es que, por miedo, su destino económico hubiera ido de mal en peor.

Con lo anterior no te estoy proponiendo que dejes tu trabajo e inicies tu negocio, pues no todas las personas se desenvuelven bien trabajando por su cuenta y no todos los negocios son exitosos. Sin embargo, considero que no debes conformarte con lo que tienes sólo por miedo. Calcula tus opciones, ¿te beneficiaría más entrar a trabajar de tiempo completo?, ¿te conviene volver a estudiar?, ¿mejoraría tu situación si te cambiaras de casa o si consiguieras una buena escuela pública para tus hijos? ¿te convendría vender tu casa y dejar de trabajar durante algunos años para estar con tus pequeños hijos de tiempo completo? Quizá lo último te suene demasiado drástico, pero hay personas que lo han hecho y les ha dado buenos resultados.

Lo importante es que no te cierres las puertas por hacer las cosas como siempre las has hecho. A veces un cambio que parece difícil en un principio trae muchas ventajas a futuro. Sé valiente. En el estudio de la doctora Hetherington, las personas que mejores resultados obtuvieron y las que mejoraron su vida tras el divorcio fueron las que aprovecharon las oportunidades, tanto laborales como personales, que se les presentaron. El divorcio también trae cambios positivos, más de los que crees, así que aprovecha esta oportunidad para retomar las riendas de tu vida y superarte profesionalmente, aunque tengas la suerte de estar recibiendo una buena pensión alimenticia por parte de tu excónyuge.

Y sobre todo, no les pases a tus hijos la factura de tus problemas económicos: no permitas que se angustien por conflictos que no pueden solucionar, no trates de vivir por encima de tus posibilidades económicas ocultándoles a tus hijos tu realidad financiera ni trates de resarcirles tu falta de tiempo, afecto o atenciones con dinero y regalos. Los niños deben entender que en toda casa se cuenta con un presupuesto y éste no debe excederse. No te sientas mal por no darles a tus hijos todo lo que quisieras, mejor aprovecha esta oportunidad para enseñarles que *ellos mismos* pueden obtener las cosas que desean: obtener mejores calificaciones y conseguir una beca para una mejor escuela, ayudarle al vecino a barrer el patio y con ese dinero comprarse el juguete que tanto quieren; si son mayores, pueden cuidar a los hijos de tus amigos y con ello ahorrar para comprarse ropa, incluso pueden iniciar su negocio: haciendo pasteles, paseando y entrenando a los perros del vecindario o vendiendo alguna cosa. Un niño que aprende a esforzarse por obtener lo que desea se torna perseverante; la autosuficiencia, la paciencia y el amor al trabajo resultan mejor herencia que una cuenta bancaria a reventar.

Aspectos emocionales

Hemos tratado los aspectos emocionales del divorcio en el primer capítulo, sin embargo, considero importante que estés consciente que, emocionalmente, el periodo más difícil después de un divorcio son los dos primeros años. Generalmente durante ese lapso, tanto hombres como mujeres experimentan depresión, soledad, ansiedad, enojo, frustración y se tornan inestables emocionalmente. Los cambios de humor también son frecuentes y es común encontrar que las personas se sienten contentas y eufóricas al inicio del día, y frustradas y deprimidas por la noche. También disminuye la capacidad de "funcionar" adecuada y cotidianamente —de hecho,

se ha comprobado que el desempeño laboral de los recién divorciados desmejora mucho—, incluso las defensas corporales bajan, haciendo que enfermedades como resfriados, dolores de cabeza,
desórdenes gastrointestinales, problemas de sueño, entre otras, sean
más comunes en personas recién divorciadas; la causa de esto es
que el "estrés que genera el divorcio debilita el sistema inmunológico
creando una mayor vulnerabilidad a infecciones y enfermedades".
Según el estudio de Hetherington:

> Para la mayoría de la gente, el final del primer año, no el segun-
> do, resultó ser el momento más doloroso del ciclo del divorcio.
> Pasada la euforia inicial de ser libres y las expectativas de una
> mayor felicidad, las dudas sobre el pasado y las preocupaciones
> sobre el futuro se van incrementando a lo largo del primer año.
> Sin embargo, durante el segundo año se reportó un aumento en
> el bienestar emocional conforme las personas comenzaron a adap-
> tarse a su nuevo estilo de vida.[6]

La primera etapa del divorcio es sin duda dificilísima. La pérdida de una familia, como la conocías anteriormente, supone un
duelo y trae consigo muchos sufrimientos. Sin embargo, el primer
paso para superar los cambios emocionales es reconocerlos para
posteriormente *aceptarlos*. Un divorcio resulta doloroso *para todos*, por lo tanto durante la primera etapa es muy importante que
no exijas demasiado y te des tiempo y les des tiempo a tus hijos
para descansar, llorar, distraerse, divertirse y recuperarse. Todo
pasa, también las dificultades que estás experimentando pasarán.
Al mal tiempo, buena cara, reza un dicho que aplica muy bien
para este caso.

---

[6] *Ibid.,* pp 50 y 59.

Otra manera de ayudar a tus hijos es reduciendo en la medida de lo posible las fuentes de estrés y tratando de no hacer más cambios de los absolutamente necesarios. El lapso inmediatamente posterior a un divorcio o una separación *nunca* es propicio para hacer cambios drásticos, sin embargo, son muchas las personas que, precisamente en el momento en el que están más confundidas, deciden cambiar de trabajo, de casa, de ciudad, de corte de pelo e incluso someterse a cirugías plásticas para cambiar de cara. Siempre les recomiendo a mis pacientes que dejen los cambios drásticos para después, cuando el torbellino emocional haya pasado.

Además de comunicarte con tus hijos, expresar tus sentimientos y ayudarles a expresar los suyos (consulta las sugerencias que aparecen en el primer capítulo), también debes hacer todo lo posible para no provocarles más estrés. Existen varios factores que le provocan estrés a cualquier niño. Algunos de ellos son:

Factores de estrés:[7]

Muerte del padre o de la madre	100
Divorcio de los padres	73
Separación de los padres	65
Viajes de los padres por trabajo	63
Muerte de algún familiar cercano	63
Enfermedad o accidente	53
El padre o la madre se vuelve a casar	50
El padre o la madre pierde el trabajo	47
Reconciliación de los padres	45
La madre comienza a trabajar	45
Alteraciones en la salud de algún miembro de la familia	44
Embarazo de la madre	40
Problemas en el colegio	39
Nacimiento de un hermano	38
Cambios en las finanzas familiares	38
Maestro nuevo	37
Un amigo íntimo se enferma o se lastima	37
Nueva actividad extraescolar	36
Alteración en el número de pleitos con los hermanos	35
Temor a la violencia en la escuela	31
Robo de bienes personales	30
Cambios en las responsabilidades de la casa	29

[7] Miriam Stoppard, *Cómo educar a tu niño*, Editorial Aguilar, México, 2002, p. 88.

Un hermano mayor se va de casa	29
Problemas con los abuelos	29
Logros excepcionales, sobresalientes	28
Mudanza a otra ciudad	26
Mudanza a otro barrio de la ciudad	26
Recibe o pierde una mascota	25
Cambio en los hábitos personales	24
Problemas con la maestra	24
Cambio de horarios en la guardería	20
Mudanza a una nueva casa	20
Cambio de colegio	20
Cambio en sus hábitos de juego	20
Vacaciones con la familia	19
Cambiar de amigos	18
Pasar sus vacaciones en un campamento	17
Cambiar sus hábitos de sueño	16
Más o menos reuniones familiares de lo habitual	15
Cambiar sus hábitos de comida	15
Modificar la cantidad de tiempo que mira la televisión	13
Fiesta de cumpleaños	12
Recibir castigo por mentir	11

Aunque es imposible evitar que tus hijos se vean afectados por el estrés, conociendo los principales factores que lo provocan podrás evitarles cambios innecesarios. Por ejemplo, después de un divorcio, no es aconsejable comprarles una mascota nueva, mandarlos de campamento, variarles sus hábitos personales, meterlos a nuevas clases por la tarde u organizarles una megafiesta de cumpleaños. Si está en tus posibilidades, trata de quedarte —cuando menos un año— en la casa en la que vivías durante tu matrimonio y dejar a tus hijos en la misma escuela; también trata de que frecuenten a sus familiares de ambos lados tan a menudo como lo hacían y haz todo lo que esté en tus manos para pasar con tus hijos el mayor tiempo posible. Si forzosamente tienes que entrar a trabajar justo después de tu divorcio, trata de que tus hijos se queden con una persona a la que ya conozcan, como puede ser tu hermana, sus padres o tus suegros, para que resientan menos el cambio. Básicamente trata de que la vida de tus hijos cambie lo menos posible, pues eso les facilitará adaptarse a su nueva etapa.

También es recomendable que hagas un esfuerzo por compartir con tus hijos actividades físicas, como lavar los coches, jugar futbol, pasear al perro o ir a correr al parque, pues el deporte es una buena manera de reducir el estrés y encauzar las emociones negativas.

Aspectos sociales

La forma de socializar se ve modificada tras un divorcio: generalmente las madres entran a trabajar o cambian de horario de trabajo, la convivencia con los demás parientes aumenta, disminuye o incluso desaparece, también se pierden muchas amistades y se hacen otras nuevas.

Un descubrimiento inesperado en el estudio de la doctora Hetherington fue que cuando los amigos casados del matrimonio se quedaban con uno de los miembros, generalmente conservaban la amistad del hombre. ¿Por qué? Existen varias razones para ello, por un lado los varones mostraron una mayor tendencia a buscar la compañía de parejas con hijos de la misma edad que los suyos para pasar el tiempo libre; además, los varones son invitados con mayor frecuencia a las cenas y fiestas, pues éstos resultan socialmente atractivos, al contrario de las mujeres divorciadas (que desafortunadamente muchas veces son vistas por las mujeres casadas como un peligro y "por los hombres casados como presa fácil").

Si los divorciados disfrutaban la ventaja de ser invitados a cenas, las divorciadas tenían la ventaja de encontrar y usar fuentes de apoyo. Las mujeres solían hablar de sus problemas con cualquiera, pero durante el primer año se apoyaron especialmente y con más fuerza en sus madres, hermanas y amigas. Y aunque a menudo resultaba fatigoso escuchar a las recién divorciadas, hablar les ayudó. Muchas mujeres dijeron que hablar resultó ser un buen antídoto para el dolor del primer año; también reportaron que sus amistades y parientes las ayudaron a obtener una nueva perspectiva respecto a su divorcio.

[...] Los hombres rara vez se quejaron de sentirse "atrapados" como las mujeres, pero a menudo dijeron sentirse "desarraigados", "silenciados" y "perdidos" [...] La actividad social masculina aumentó rápida y drásticamente, alcanzando su pico al final del primer año postdivorcio. Sin embargo, conforme la novedad de la vida de soltero fue disminuyendo, los hombres por lo general se cansaron de despertar en camas extrañas con mujeres casi desconocidas.

[...] Durante el segundo año, el nivel de actividades sociales de hombres y mujeres se había vuelto más similar, conforme la actividad masculina declinó y la femenina aumentó.[8]

---

[8] E. Mavis Hetherington y John Kelly, *op. cit.*, p. 53.

Hasta aquí hemos visto los cambios sociales más comunes que experimentan los padres tras un divorcio, ¿pero que ocurre con los niños? Desafortunadamente para muchos de ellos, el divorcio de sus padres significa también "divorciarse" de muchos de sus seres queridos. Y, como dijimos anteriormente, es responsabilidad de sus padres que esto no ocurra. Nunca trates de restringirles a tus hijos el contacto con sus seres queridos por el solo hecho de que éstos ya no sean *tus seres queridos*; es injusto y además les estarás quitando muchas fuentes de apoyo que pueden ayudarlos a transitar por esta difícil etapa. Recuerda que tus hijos, sin importar su edad, también requieren de amistades; así que haz todo lo posible para propiciar encuentros sociales, ya sean salidas, invitaciones a comer o reuniones con sus amigos. Los niños se benefician mucho jugando con otros niños de su edad y compartiendo sus problemas.

Al final, la recomendación respecto a la vida social es el justo medio: no te excedas saliendo todo el tiempo por no enfrentar tu soledad, ni te aísles demasiado. Busca el apoyo y la ayuda de tus amigos y parientes, pues a menudo las personas que están cerca de los divorciados guardan su distancia por respeto y no saben ni qué necesitas ni cómo ayudarte. Éste es un buen momento de aprender a *pedir*, no tienes por qué quedarte solo cuando, por lo general, la ayuda está esperándote del otro lado del teléfono.

Otro medio que ha probado dar muy buenos resultados, son los talleres para personas divorciadas y los grupos de autoayuda. Pregunta en tu comunidad, seguramente encontrarás gente que está pasando por la misma problemática que tú y con la que podrás compartir tus intereses y preocupaciones.

Un aspecto positivo, socialmente hablando, son las amistades "recuperadas" tras un divorcio. Se trata de aquellas personas de las que te habías alejado porque no congeniaban con tu excónyuge. Éste es un buen momento de buscarlas y reestablecer tu amistad.

Relaciones íntimas y sexuales

También estos son aspectos que cambian mucho tras un divorcio. Son muchas las personas que comienzan a tener sexo con perfectos desconocidos en un intento por sentirse amadas, o que, por no afectar a sus hijos, se niegan incluso a salir a cenar con alguien. Lo más importante en este sentido es que no hables de los detalles de tu vida sexual con tus hijos—sin importar su edad—, que mantengas cualquier relación inestable fuera del conocimiento de tus hijos, que tengas en mente que el sexo casual tiene un "efecto negativo, pues un acto íntimo sin intimidad sólo subraya la soledad" y que te des la oportunidad de reestablecer tu vida amorosa. Según datos de la doctora Hetherington, el indicador aislado que mejor predijo "la felicidad y el bienestar dos años después del divorcio era una nueva relación íntima".[9]

Así que no le cierres las puertas del amor sólo por tus hijos. Si manejas bien las cosas (veremos cómo hacerlo en el último capítulo), tu nueva relación no les afectará y enriquecerá tu vida enormemente. Si no quieres volver a tener pareja, asegúrate de que estés tomando dicha decisión por convicción personal, pues si decides quedarte sin pareja *sólo por tus hijos,* tarde o temprano les pasarás la factura. Según el estudio que hemos mencionado anteriormente, a las personas que deciden quedarse solas por convicción, también les va bastante bien. Hetherington llama a estos

---

[9] *Ibid.,* p. 55.

individuos *solitarios competentes* y sólo constituyen 10 por ciento del total de la población de estudio. Estas personas tienden a ser "bien adaptadas, autosuficientes y socialmente capaces; un solitario generalmente tiene una carrera profesional gratificante, una vida social activa y una amplia gama de pasatiempos e intereses. Los solitarios competentes tienen todo lo que necesitan para que su vida sea feliz y satisfactoria". Son personas que a la larga salen ganando con el divorcio, y aunque "tienen poco interés en compartir su vida, si aparece una persona sobresaliente en su camino, pueden hacer una excepción. Sin embargo, los miembros de este grupo no necesitan de una pareja para sentirse completos".[10]

---

[10] *Ibid.,* p. 104.

Capítulo III

Cómo hablar del divorcio con tus hijos

*¡Oh! Qué redes tan intrincadas tejen los padres
al pensar que sus hijos son ingenuos.*

Ogden Nash

Ustedes han decidido separarse. Quizá ya decidieron divorciarse. Pero ahora se enfrentan a una difícil disyuntiva: "¿Cómo se lo decimos a los niños?"

No es de sorprender que muchas personas decidan permanecer en matrimonios insatisfactorios, destructivos, incluso violentos con tal de —según ellas— evitarse el enorme dolor de ver sufrir a sus hijos. O que, por el enorme estrés y miedo que les provoca hablar con sus hijos del divorcio, decidan separase sin decirles nada. Ambas situaciones perjudican enormemente a los niños y debes evitarlas. Ciertamente explicarles a tus hijos que ustedes se piensan separar o divorciar no es nada fácil; sin embargo, tu silencio —o tu permanencia en un matrimonio que ya no deseas— sólo agravará su situación y les creará mayores problemas.

En retrospectiva, muchos niños consideran que el momento que cambió sus vidas para siempre fue cuando se enteraron del divorcio de sus padres. Por eso es tan importante que planees cómo, cuándo, dónde y quién se los informará. Cuando los hijos de cualquier edad no son adecuadamente informados sobre el divorcio de sus padres, se fabrican ilusiones e ideas erróneas respecto a la situación, a su futuro y al amor de sus padres hacia ellos, y generalmente tardan más en comprender, aceptar y sobreponerse al proceso de divorcio.

¿Quién debe hablar con los niños?

Son *los padres* quienes deben hablar con los hijos respecto a la separación. Quizá esto te suene lógico y obvio, sin embargo, entre 20 y 25 por ciento de los chicos de más de 11 años que participaron en la *Sandcastles Survey* (Encuesta Sandcastles) conducida por el doctor Gary Neuman se enteraron del divorcio de sus padres a través de amigos, parientes, profesores, amigos de sus padres u otras personas; o porque sin querer escucharon a sus padres hablando de ello.

> Idealmente, ambos padres deben estar presentes al hacer el anuncio. Pues esta es la primera oportunidad que tienen tus hijos de ver que aunque su matrimonio esté terminando, ustedes seguirán trabajando juntos como padres. También les transmite que ustedes están igualmente comprometidos con ellos y que pueden y van a separar su relación como esposos de su relación como padres.[1]

---

[1] M. Gary Neuman, *Helping Your Kids Cope with Divorce the Sandcastles Way*, Random House, Nueva York, 1998, pp. 238, 239.

Generalmente, como ya lo habíamos mencionado, la decisión del divorcio la toma sólo uno de los padres y el otro no tiene más remedio que acatarla. Así, cuando se trata de hablar del divorcio con los hijos, casi siempre sucede que el padre que tomó la decisión es quien se los explica, mientras el otro guarda silencio... o llora. Esto no debería suceder. Idealmente ambos padres deben hablar en igual medida, pues eso les dará a los niños la certeza de que, incluso ante el divorcio, sus padres seguirán actuando como un frente común, para brindarles amor, protección y apoyo. Además les evitará *culpar* a uno de sus padres por la separación. Cuando sólo uno de los padres habla, ¡los hijos le ponen más atención al que está callado!, y si su lenguaje corporal les transmite que el padre silencioso está frustrado o sufriendo, los niños se ven obligados a tomar partido (y no forzosamente lo tomarán por el padre que sufre). Si tú no tomaste la decisión de divorciarte es normal que sientas tristeza y resentimiento, no obstante, si cuando ustedes deciden informar a sus hijos que se van a separar te muestras profundamente triste, resentido o culpas a tu cónyuge, sólo conseguirás dañar a tus hijos. A los niños no les hace ningún bien resentir u odiar a ninguno de sus padres. Trata, por lo tanto, de actuar pacífica y calmadamente, pues tus hijos —y tú— se beneficiarán enormemente con esa actitud.

No siempre es posible que ambos padres estén presentes en el momento de informarles a los hijos de la separación. A veces, la relación entre los esposos es tan mala, que conviene más que ambos hablen con los hijos *por separado*. En ocasiones, uno de los cónyuges simplemente se va de la casa y al otro no le queda más remedio que hacerse cargo del asunto. Sin importar cual sea tu caso, no olvides que es *fundamental* que sean los padres —o por lo menos uno de ellos— quienes les informen a sus hijos de la separación. Nunca le dejes esa tarea al tiempo, a la casualidad o al silencio, pues sólo lastimarás a tus hijos innecesariamente.

¿Qué pasa si no les digo?

Tania tenía seis años cuando sus padres se separaron. El matrimonio de sus padres, como muchos otros, terminó por infidelidad. El padre de Tania, David, mantenía una relación extramarital desde hacía tres años y cuando su esposa lo descubrió, decidieron separarse. La madre, Ana María, se sentía muy lastimada porque David había preferido divorciarse que dejar a su amante. "Debí haberlo corrido", me dijo. "Al menos así habría conservado mi dignidad. Cuando le dije que o la dejaba a ella o a mí, me respondió que el divorcio le parecía una mejor opción, no sólo me sentí herida, me sentí imbécil. ¡Jamás imaginé que la preferiría a ella que a mí, la madre de su hija!" Ana sentía que David le había fallado y se sentía incompetente como mujer. "Ni siquiera con una hija lo pude retener", se decía una y otra vez. El dolor de Ana era tal, que no sabía cómo decírselo a su hija. Por su parte, David, el padre, se sentía tan culpable por romper con el compromiso que años antes contrajera con Ana y por dejar a su hija, que tampoco hizo ningún esfuerzo por hablar. Ninguno de ellos podía soportar la idea de ver sufrir a su hija y decidieron no decir nada.

David se fue de su casa una noche mientras Tania dormía. Al despertar, la niña preguntó por su padre y Ana le dijo que había salido temprano a trabajar. ¡Incluso puso su lugar en la mesa y ensució el plato del desayuno! ("Si no se entera, va a sufrir menos", pensaba Ana.) Al anochecer Tania se fue a la cama con la idea de que su padre regresaría a dormir. La dinámica se repitió durante varios días. Cuando David llamaba a su hija, la niña le preguntaba por qué no se había despedido, y David, consternado, se quedaba callado. Sin atreverse a decirle que *ya no vivía ahí*.

La farsa duró 15 días. Esas dos semanas lastimaron y confundieron a Tania mucho más de lo que le habría lastimado y confundido saber que sus padres se iban a separar. En un principio, Tania llegó a la conclusión de que había hecho algo *tan malo* que su padre ya no quería verla (por eso no la despertaba cuando se iba a trabajar o cuando regresaba del trabajo). Además, Tania comenzó a desarrollar problemas de sueño: ponerla a dormir resultaba casi imposible, y se despertaba de tres a cinco veces por la noche para verificar ¡que su madre no se hubiera ido! Finalmente Tania se enteró por un amigo que sus padres se habían separado. Sí, aunque no lo creas, fue un niñito de seis años quien le habló a Tania del divorcio. "Cuando un papá ya no duerme en la casa y la mamá ya no le hace de comer y ya no le da besitos es porque se divorciaron."

Finalmente Tania confrontó a sus padres y los tres hablaron de la separación; pero para cuando lo hicieron, Tania ya había perdido confianza en sus padres (por no haberle dicho), había desarrollado problemas de sueño, un intenso sentimiento de culpabilidad (seguía creyendo que sus padres se habían separado porque ella había hecho algo *muy malo*) y un descomunal miedo al abandono (en su fantasía pensaba que cualquier cosa, sus juguetes, su madre y sus amigos, podrían desaparecer en cualquier momento). Esto es lo que yo llamo males innecesarios.

Muchos padres, ante el divorcio, adoptan una actitud muy semejante a la de Bernarda Alba —personaje de la obra teatral *La casa de Bernarda Alba* de Federico García Lorca—, negándose a aceptar la realidad a costa del sufrimiento de sus hijos. Son personas que no tocan el tema del divorcio, que se convencen y convencen a sus hijos de que "no pasa nada" y los obligan a ocultar sus sentimientos. "Magdalena, no llores; si quieres llorar te metes debajo de la cama. ¿Me has oído?",[2] le dice Bernarda a una de sus hijas. Si bien la mayoría de los padres no son tan extremistas, muchos —por el dolor y la angustia que les provoca ver sufrir a sus hijos— los orillan a ocultar sus sentimientos y guardan un "prudente" silencio respecto a la separación.

Tras un divorcio, los niños necesitan aún más apoyo de sus padres y cuando éstos se niegan a hablar del tema, les mienten o los incitan a ocultar sus sentimientos, les causan daños *que no tienen que ver con el divorcio.* ¿Recuerdas el castillo del que hablamos en el capítulo primero? Cuando un niño no recibe la noticia de la separación por parte de sus padres, construye su castillo sobre los cimientos de la culpa, la desconfianza, la incertidumbre y el miedo al abandono. Así que, sin importar cuánto te duela, *debes hablar con tus hijos del divorcio.* (Si no lo hiciste en su momento, ya no será necesario informarles que sus padres se van a separar —ya lo saben—, pero sí es necesario que les digas, una y otra vez, que el divorcio no tuvo que ver con ellos y que sus padres siguen queriéndolos igual que antes).

¿Cuándo y dónde debo decírselos?

No existe el momento ni el lugar ideal para informarles a los hijos de una separación. Tú y tu pareja tendrán que decidir cuándo y

---

[2] Federico García Lorca, *La casa de Bernarda Alba*, Editores Mexicanos Unidos, México, 1981, p. 23 y 49.

cómo decírselos. Sin embargo, lo más recomendable es hablar con los hijos una o dos semanas antes de que cualquiera de los padres se vaya de la casa, ya que esto "les da a los niños tiempo para ajustarse al cambio. Al quedarse en casa por unos días, el padre que se irá tiene numerosas oportunidades de hablar y pasar tiempo con sus hijos, reiterarles y reafirmarles sus planes futuros y reconfortarlos. Con todo, lo más importante es que en este periodo de transición eviten que los niños se sientan abandonados".[3]

Procura hablar con tus hijos de la separación minutos antes de que uno de los padres se vaya de la casa, días antes del cumpleaños de alguno de tus hijos o durante alguna fiesta importante, como pueden ser la Navidad, los cumpleaños, las primeras comuniones o las graduaciones —eso es más de lo que cualquier niño puede soportar.

Trata de que la reunión sea un asunto serio (no se vale soltarles la noticia como si nada, por ejemplo, mientras los llevas a la escuela) y de preferencia reúnanse en casa o en cualquier otro sitio que les asegure intimidad. Lo mejor es escoger un momento en el que nadie tenga nada que hacer después, quizá por la noche o durante el fin de semana, pues resulta muy frustrante que la plática tenga que concluir porque el papá tiene una cita de negocios o porque el niño tiene que ir a clase de natación. Si tus hijos son pequeños, trata de que la charla se dé por la mañana, ya que por la noche están cansados y más irritables.

---

[3] M. Gary Neuman, *op. cit.*, Random House, Nueva York, 1998, p. 242.

¿Cómo decirlo?

El *cómo* es casi tan importante como el *qué*. Los padres deben ponerse de acuerdo cómo les dirán a sus hijos las cosas. Es recomendable hacer un ensayo y tratar de que ambos hablen en la misma medida.

Los padres deben escoger las palabras y utilizar un lenguaje apropiado para la edad de los niños. Asimismo, deben hablarles amorosamente, sin pleitos ni aspavientos y conservando la calma. Si tus hijos notan que, aunque tristes, ustedes están calmados y tranquilos, sentirán más confianza respecto a su futuro y podrán expresar más fácilmente sus sentimientos y sus dudas.

¿Qué debo decirles a mis hijos?

Cuando se trata de qué, los padres por lo general cometen dos errores. Por un lado están los padres que les dicen *todo* a sus hijos, incluyendo los desagradables detalles del por qué de la separación. Y por el otro están los que consideran que entre menos palabras, mejor. Ninguna de las dos posturas es correcta. Tus hijos no deben conocer los pormenores de tu separación, pero tampoco tienen que enterarse de ella con pocas palabras.

Si ustedes han decidido separarse, sus hijos deben saber seis cosas:

1. Qué tú y tu cónyuge van a separarse. Según el especialista Gary Neuman, es mejor hablar de "separación" que de divorcio, pues la segunda palabra puede resultar atemorizante "para los niños pequeños porque no saben lo que significa, y para los mayores porque lo saben". Además, en este momento, tú y tu cónyuge están *separándose*—el divorcio llegará dentro de algunos meses o años.

Si ustedes ya saben que se van a divorciar, es mejor que no se lo digan a sus hijos en ese momento, para que ellos vayan lidiando con los cambios poco a poco. También es importante que si la separación no es definitiva, se lo informen, pero sin crearles falsas expectativas.

Al hablar de la separación es importante mezclar las buenas noticias con las malas y procurar que *los dos padres* hablen. Por ejemplo:

La mamá: Ustedes saben que papá y yo los queremos mucho y que siempre estaremos cerca cuando ustedes nos necesiten o cuando quieran estar con nosotros. Queremos hablar con ustedes sobre algunos cambios importantes que habrá en nuestra familia.

El papá: Su madre y yo hemos cometido algunos errores en nuestro matrimonio. Las mamás y los papás a veces tienen problemas para llevarse bien, y eso nos pasó a nosotros. Hemos hecho un gran esfuerzo por resolverlos, pero hasta ahora no lo hemos logrado; al vivir juntos nos estamos entristeciendo mutuamente y hemos decidido separarnos. Más o menos dentro de un mes, yo me iré de la casa. Me cambiaré a un departamento que está como a kilómetro y medio de aquí. Los seguiré viendo todos los fines de semana y en los días importantes. Ustedes podrán llamarme por teléfono cuando quieran. Simplemente ya no estaré viviendo aquí.

La mamá: Su padre y yo sentimos mucho que aunque estos problemas sean nuestros, supongan cambios para ustedes. También queremos que entiendan claramente que ninguno de estos cambios sucedió por algo que ustedes hayan dicho o hecho. Sólo es nuestra culpa y lo sentimos mucho.

El papá: Siempre los querré y su madre también los querrá siempre. Nos estamos separando porque viviendo juntos no podemos ser felices y nos estamos lastimando el uno al otro.[4]

2. Que se darán algunos cambios en la vida familiar. Las cosas que más les preocupan a los niños son dónde van a vivir, quién los cuidará, qué va a pasar con el padre que se va a ir y dónde vivirá, cuándo verán al padre no residente y, si son muy pequeños, también les preocupa si sus padres seguirán siendo sus padres. Todas estas son cosas que los padres deben dejar muy en claro con sus hijos, sin importar si éstos se las preguntan o no. Tómense su tiempo y respondan a todas estas interrogantes lo más clara y específicamente que les sea posible. Nunca prometan nada que no vayan a cumplir o que no estén seguros de poder cumplir. Cuando tengan alguna duda, es mejor contestar con un simple: "Por el momento no lo sabemos."

También deben ser lo más explícitos posible en cuanto a las cosas que permanecerán intactas. Asegurándoles, por ejemplo, que seguirán viviendo en la misma casa, teniendo a la misma nana, yendo a la misma escuela, viendo a sus amigos, visitando a sus abuelos o primos, etcétera.

Para que tus hijos comprendan mejor los cambios que les esperan es recomendable que cada uno de los miembros de la familia escriba una lista de cuatro o seis cosas que cambiarán y cuatro o

---

[4] Este diálogo, y gran parte de las sugerencias de este capítulo, fueron tomadas de M. Gary Neuman, *op. cit.*, pp. 223-248

seis cosas que quedarán intactas. La lista de cada persona será diferente. Para una niña puede resultar importante permanecer en la misma escuela, para otra el hecho de que su padre siga llevándola a la clase de ballet; para el padre puede ser importante que ya no va a ir a comer a la casa, y para la madre que tendrá que entrar a trabajar. Permite que sean tus hijos quienes decidan qué poner en su lista y cuando todos hayan terminado la suya, compartan los resultados y hablen al respecto.

3. Que la separación no tiene nada que ver con ellos; que no la causaron y que por lo tanto no pueden hacer nada para evitarla. Es fundamental que les transmitas a tus hijos que ellos no tuvieron la culpa de la separación, que no hicieron nada para provocarla y, que por lo mismo, tampoco pueden ni pudieron haber hecho nada para evitarla. Esto es algo que no debes decirles una sola vez, debes reforzarlo constantemente.

Es curioso, pero los niños no pueden creer que no haya culpables en un divorcio. Ante un divorcio los niños culpan a uno de los padres, a ambos, o a ellos mismos. En la mente de los niños siempre habrá culpables. Y cuando se trata de repartir la responsabilidad, es mejor que ésta sea compartida entre los padres. Lo mejor que puede pasarles a los niños es que ambos padres carguen con la misma medida de la culpa. Y lo mejor que pueden hacer los padres es asegurarse de que sus hijos no se sientan culpables del divorcio. Por eso es tan importante que sean *los dos padres* quienes hablen con los hijos y hagan su mayor esfuerzo por conservar la calma y la compostura.

4. Que tú y tu cónyuge siguen amándolos de la misma manera en que los amaban antes; que el divorcio es algo que sucede entre mamá y papá y no entre padres e hijos. No importa si eres una persona cariñosa o seca, expresiva o reservada, tus hijos siempre necesitan que les digas que los quieres y mucho más durante un proceso de divorcio. Díselos cuando hables con ellos de la separación y continúa haciéndolo todo el tiempo. (Consulta el apartado *Pase lo que pase, demuéstrales amor a tus hijos*, en el capítulo uno.) Si tus hijos tienen la seguridad de que ambos padres los aman, podrán sobreponerse mucho mejor al divorcio.

Considero que no debes explicarles a tus hijos tu separación a través del amor, no es conveniente decirles, "nos estamos separando porque nos dejamos de amar", ya que los niños, en su fantasía, pueden llegar a creer que cualquier día de estos sus padres también los dejarán de amar *a ellos.* Pueden pensar: "Dices que me amas, pero a mí papá también lo amabas y ya ves qué pasó... ¿Qué me asegura que a mí siempre me amarás?" Es más recomendable que hables de tu separación diciendo: "Mamá y papá no pueden vivir juntos porque tienen muchas situaciones que no pueden resolver, o porque no se llevan bien."

Muchas personas, tras el divorcio, descubren que siguen queriendo a su excónyuge. Si bien ya no lo aman como hombre o como mujer, sí lo quieren como amigo o como padre de sus hijos. Para ellas es mucho más fácil explicarles a sus hijos que la separación se dio por causas independientes de la falta de amor. Sin embargo, existen personas que no sólo no quieren a su ex, sino que, incluso, lo odian. Para ellas puede resultar muy difícil no mencionarles a los hijos la falta de amor como una de las causantes de divorcio. Pero, ¿es necesario? Si te hubieran corrido de tu trabajo por insultar a tu jefe, ¿se lo dirías a tus hijos? Lo más probable es que les dijeras que te despidieron porque tenías *problemas* con tu jefe. Lo mismo puedes hacer en el caso de divorcio.

¿Para qué decirles "tu papá ya no me quiere" o "ya no amo a tu mamá"? Simplemente no es necesario.

No obstante, si tus hijos te preguntaran que si quieres a tu excónyuge y tú lo odias, ni debes mentirles ("en el fondo quiero mucho a tu papá"), ni debes ser demasiado explícito ("yo a tu mamá la odio, no la quiero nada. Es una hija de la tostada"). Lo que puedes hacer en ese caso, es decirles algo como: "Yo quise mucho a tu madre (o padre), pero en el transcurso cometimos muchos errores y la dejé de querer. Eso a veces sucede entre un hombre y una mujer, pero nunca sucede entre padres e hijos." El doctor Neuman propone un excelente ejercicio para explicar lo anterior:

> Usa dos imanes iguales para demostrar cómo, cuando se ponen en cierta dirección se atraen fuertemente y cuando se ponen en la dirección contraria no pueden acercarse. Esto puede servir como metáfora para demostrarles a tus hijos que las personas —como los padres que deciden separarse— pueden haber tenido sentimientos fuertes que los hicieron acercarse y también pueden sentir emociones fuertes que los separan.[5]

Sin importar cuál sea tu caso, es fundamental que los niños sepan que hay distintas maneras de amar y que el amor que existe entre un hombre y una mujer no es el mismo que existe entre padres e hijos. Hay que explicarles que hay distintos tipos de amor y hay relaciones donde no se da el divorcio.

5. Que ustedes han hablado y decidido con quien vivirán los niños después de la separación. De antemano decidan con quien

---

[5] M. Gary Neuman, *op. cit.*

vivirán los niños. Si sus hijos ven que ustedes actúan como un frente común y están de acuerdo con la decisión tomada, se sentirán más seguros. Si ustedes han decidido compartir la custodia de los niños, o si, por alguna razón, han decidido que no todos sus hijos vivirán con la misma persona, explíquenles concienzudamente cada cuanto tiempo vivirán con cada uno de sus padres y cada cuando verán a sus hermanos. Pregúnteles si tienen alguna duda al respecto. Si los niños les preguntaran algo de lo que no están seguros, como, "¿dónde pasaremos la próxima Navidad?" Díganles que por el momento aún no lo deciden, pero que se los informarán en cuanto lo sepan.

Es *vox populi* que a los niños les va mejor viviendo con su madre, sin embargo, durante el Virginia Longitudinal Study, se comprobó que "en promedio, a los niños les va igual de bien si la madre, el padre o ambos, son quienes obtienen la custodia, siempre que el padre que tenga la responsabilidad del cuidado de los niños sea amoroso, comprensivo y firme respecto a la disciplina".[6] La creencia popular que supone que a los niños les va mejor viviendo con la madre tiene bases, pero éstas no tienen que ver con que las mujeres sean más competentes criando a sus hijos que los hombres (no lo son), sino con algo muy distinto: generalmente cuando un hombre obtiene la custodia de los hijos *no la desea*, sino que un juez se la impone porque la madre es incompetente, ya sea por problemas mentales, de adicción o por irresponsable. Cuando el progenitor—hombre o mujer— *desea* la custodia de los hijos y la obtiene, éstos se desenvuelven igual de bien viviendo con el padre o con la madre.

---

[6] E. Mavis Hetherington y John Kelly, *For Better or for Worst: Divorce Reconsidered*, W.W. Norton & Company, Nueva York, 2002, p.122.

6. Que seguirán teniendo una relación con el padre que se va a ir de la casa, si eso es lo que va a ocurrir. Si tus hijos seguirán viendo al padre no residente, explíquenles cada cuando lo verán, dónde y cómo. Traten de ser lo más específicos que puedan al respecto, pues éste es uno de los aspectos que más preocupan a los niños.

En este punto es especialmente importante no hacer promesas que no están seguros de poder cumplir. Por ejemplo, si existe la posibilidad de que el padre o la madre no residente se vaya a ir a vivir a otra ciudad, no les digan a sus hijos que "seguirán viéndolo las veces que quieran", pues eso no va a ocurrir y los niños se sentirán lastimados.

Desafortunadamente no todos los niños siguen viendo al padre que se va de casa con la frecuencia con que deberían. Algunos padres continúan la relación durante un tiempo y luego se van distanciando, otros ven a sus hijos una vez al año y otros desaparecen. Espero sinceramente que éste no sea tu caso, pero si lo es, es importante que hables con tus hijos. Debes ser honesto, si tu excónyuge es un irresponsable desaparecido, no le debes echar tierra, pero tampoco puedes mentirles a tus hijos para cubrirle las espaldas. Tus hijos deben crecer con la realidad de que tienen un papá como el que tienen y aprender a vivir con él. No debes hablar por tu expareja ni explicarles las razones por las que —*tú crees*—se fue. Simplemente debes decirles que no lo sabes y asegurarles que su partida no tuvo nada que ver con ellos (trataremos esto con más amplitud en el último capítulo).

Rara vez sucede que el niño deja de ver a su padre o a su madre por que éste o ésta tiene problemas con la ley. Muchos papás creen que si guardan ese tipo de secretos el niño no se va a enterar. Pero parece que el universo conspira para que el niño se entere de la realidad y, a través de las noticias, por un pariente o por un chismoso, el niño termina sabiéndolo. También en este caso es recomendable hablar escuetamente del tema con el niño, diciéndole, por ejemplo, "tu padre no podrá verte porque tuvo problemas con la ley", asegurándole, por supuesto, que ese caso no tuvo nada que ver con él. De ti dependerá la decisión de que tu hijo siga viendo o escribiéndole al padre en cuestión o no, y también la edad a la que le dirás a tu hijo qué tipo de problemas tuvo. (Si los problemas son graves, es mejor que busques apoyo profesional para determinar el mejor momento y manera de explicárselos.)

Frases como "te queremos mucho", "tú vas a seguir viéndonos a ambos", "no vas a tener que tomar partido", "no es tu culpa y no lo pudiste evitar", "sabemos que esto es doloroso", "cuentas con nosotros", y "Este es un proceso que a todos nos afecta, y es normal estar triste", ayudan mucho a los niños. Así que ¡no te canses de repetirlas!

¿Qué no decir a mis hijos?

No debes hablar con tus hijos en un momento en que estés furioso con tu expareja, pues muy fácilmente les dirás cosas de las que luego te arrepentirás.

Muchos padres, especialmente aquellos que no tomaron la decisión del divorcio, consideran que es importante que sus hijos conozcan los pormenores de la separación y bombardean a sus hijos con todo tipo de detalles, que sólo tienen el objetivo de perjudicar al excónyuge. El porqué del divorcio y los detalles del rompimiento son lo menos importante para los niños y a menudo resultan muy dañinos. Nunca les menciones a tus hijos los detalles sangrientos de tu separación: "Encontré a tu madre con otro hombre." "Tu padre es homosexual."[7] "Tu madre desfalcó a la empresa en la que trabajaba." "Tu padre me falta al respeto y me maltrata." Cuando se trate de explicar las cosas, es mejor decir: "Tuvimos problemas que no logramos solucionar y *decidimos* (en plural) separarnos." Ningún bien les hace a los niños conocer los asuntos personales de sus padres con pelos y señales. Con todo esto no te estoy invitando a mentirles, simplemente te estoy pidiendo que evites darles información que, por su edad y por su postura de hijos, no pueden —ni deben— manejar.

Si tu hija llegara a preguntarte los pormenores de la separación, y esto sucede a menudo con los adolescentes, puedes tener la siguiente plática:

La hija: ¿Por qué te vas a divorciar de mi papá?

---

[7] Cuando la razón del rompimiento tiene que ver con la homosexualidad de uno de los padres, es aconsejable buscar apoyo psicológico, pues los niños se plantean muchas preguntas al respecto, especialmente en lo concerniente a su propia sexualidad. Lo mejor en este caso es que sea el padre o la madre homosexual quien hable con los hijos al respecto: los niños necesitan respuestas sinceras y también necesitan aprender a manejar su realidad y los sentimientos que ésta les genera. Por otro lado, es importante advertir que los padres y las madres homosexuales no son ni más ni menos competentes que los padres heterosexuales (la competencia como padres depende de factores que nada tienen que ver con las preferencias sexuales), y que las posibilidades de ser homosexuales que tienen los hijos de homosexuales son *exactamente* las mismas que tiene cualquier otro niño. Si tu separación se debe a la homosexualidad de tu pareja o a la tuya, te recomiendo buscar el consejo de un profesional en el tema para manejar esta situación con tus hijos y tu excónyuge de la mejor manera. Si lees inglés, los siguientes dos libros también pueden resultarte de utilidad: *Gay Parenting: A Complete Guide for Gay Man and Lesbians with Children*, de Joy Schulenburg, Doubleday Anchor, E.U.,1985; *The Lesbian Parenting Book*, de D.M. Clunis y C.P. Green, Seal Press, E.U.,1985.

La mamá: Tuvimos algunos problemas y aunque hicimos nuestro mayor esfuerzo, no conseguimos solucionarlos.

La hija: Te vas a divorciar de mi papá porque le pusiste el cuerno, ¿verdad?

La mamá: Mi amor, la decisión del divorcio fue por problemas que tuvimos *tu padre y yo.*

La hija: ¡Pero le fuiste infiel a mi padre!

La mamá: Los problemas que tu padre y yo tuvimos son personales y no tienen que ver contigo.

La hija: Sé que lo hiciste... ¡Nunca te voy a perdonar!

La mamá: Te repito que tu padre y yo nos vamos a divorciar por asuntos personales, por diferencias irreconciliables. Un divorcio, igual que un matrimonio, es asunto de dos.

No obstante, hay veces en las que el papá se va porque ya se muda con la amante. Si este fuera tu caso, no debes mentirle a tu hijo pues sólo conseguirás que pierda credibilidad en ti. Por doloroso que resulte, ésa es la realidad de tu hijo y es mejor que la sepa.

Otra de las cosas que los padres no deben hacer es hablar mal del otro frente a los hijos. Sé que en muchas ocasiones, pedirle esto a un recién divorciado es más difícil que pedirle peras al olmo, pero de cualquier modo te lo pido: *no les hables mal a tus hijos de tu expareja.* Si no logras recordar nada positivo de él o ella, di, por ejemplo: "Hacía unos chiles en nogada deliciosos." "Manejaba estupendamente." O de plano no digas *nada.* Hablar mal del padre o la madre de tus hijos, sólo consigue dañarlos: no me cansaré de repetírtelo.

Y después de decirles, ¿qué hago?

Escucha a tus hijos con el corazón, eso es lo más importante. Después de decirles a tus hijos que ustedes se van a separar, es importante que tú y tu cónyuge permanezcan al lado de sus hijos y presten atención tanto a lo que están diciendo como a su lenguaje corporal. Los padres tienen que ser lo suficientemente permisivos para que los niños expresen su dolor. Éste es un momento difícil y tu hijo puede presentar cualquier reacción. Algunos niños lloran, otros hacen berrinches, se enojan, azotan la puerta, amenazan a uno o ambos padres, se encierran en su habitación o se sumen en un terrible silencio. Es importante que los padres estén presentes para poderlos abrazar y contener. También hay que hacerles saber que aunque sus emociones son normales, sus actitudes pueden no serlo, diciéndoles, por ejemplo, "Comprendo que te sientas triste y enojado por esto, no hay nada de malo en que te sientas así, pero patear los muebles no es una manera adecuada de demostrar el enojo". Si empleas frases como: "Ya cállate", "sé valiente", "no llores", sólo conseguirás que tus hijos se cierren y dejen de expresar lo que están sintiendo.

Es común que tras recibir la noticia los hijos agredan a cualquiera de sus padres. A veces, lo que los niños dicen en ese momento puede resultar tan doloroso, que la reacción natural del padre agredido es defenderse. Sin embargo, si el niño agrede y recibe agresión de regreso queda aún más expuesto a la pérdida. Por ello, sin importar lo que el niño haya dicho (las frases pueden ser: "si, claro, como tú siempre has sido un irresponsable", hasta "no me sorprende, nadie quisiera estar casado con una mujerzuela como tú") es importante mantener la calma y no responder con agresión a las agresiones del niño. En un caso así, puedes decirle: "Ésa no es una manera adecuada de mostrar tu enojo, cuando te calmes y estés dispuesto a hablarme respetuosamente, continuaremos la conversación." (Te recomiendo ver el recuadro *Cuando tu hijo se enoja...* que aparece al final del capítulo primero.)

Por otro lado, si el niño no quiere hablar en ese momento, también hay que respetarlo. Si se va y al salir azota la puerta, deja pasar un tiempo y luego acércate a él, abrázalo y hazle saber que estás dispuesto a escuchar lo que tenga que decir. Si tu hijo es pequeño, puedes pedirle que dibuje algo, que hagan una historia o te "platique" con títeres lo que está sintiendo. A los niños pequeños les ayuda mucho expresar sus sentimientos poniéndolos en una familia de animalitos, diciendo por ejemplo: "El papá conejo se va a ir de la casa y aunque todos están tristes, el hijito conejo sabe que sus dos papás lo siguen queriendo igual y podrá seguir viendo y llamando por teléfono a papá conejo." Deja que sea tu hijo quien decida qué sienten cada uno de los integrantes de la familia de animalitos o que dibuje lo que quiera. No intentes decirle qué debe sentir o dibujar. Permítele expresarse libremente.

Nunca fuerces a tus hijos a hablar si no quieren hacerlo. Si notas que pasan los días y el niño sigue sin querer expresarse, te recomiendo que busques apoyo profesional para que el niño aprenda cómo manejar y expresar sus emociones.

Algunos papás después de soltar la noticia se sienten tan angustiados, que inventan una actividad para distraer a la familia. Unos padres que conozco, después de decirles a sus hijos que se van a divorciar ¡se los llevaron al cine! Ésta es otra actitud que no les ayuda a los hijos, ya que si un papá no da oportunidad de expresar lo que está sintiendo, el niño menos.

A veces sucede que tras decirles a sus hijos, éstos se echan a llorar, los papás los abrazan y todos terminan llorando. Esto no es malo. De hecho es bastante común y a pesar de la tristeza generalizada, esta situación le enseña al niño a expresar sus sentimientos y a compartirlos con sus padres. Si te sientes tan mal que no puedes hacer otra cosa que llorar, llora, pero nunca culpes a tu cónyuge de tu tristeza. Recuerda que un divorcio, en mayor o menor medida, siempre es cosa de dos.

Sin importar cual sea la reacción de tus hijos o la tuya, lo más importante es asegurarles que van a estar bien, que sus dos padres los siguen queriendo y que el asunto del divorcio no es culpa de los niños.

Transmite el mensaje correcto:

Incluso cuando quisimos decir lo que dijimos y dijimos lo que quisimos decir, el mensaje rara vez es recibido en un cien por ciento. Esto se debe a que, en situaciones cargadas emocionalmente, nuestras palabras a menudo trascienden su mensaje literal y traicionan nuestros verdaderos sentimientos. Es difícil escuchar el dolor de un hijo y, con frecuencia, nos es más fácil desalentar su expresión. Después de que has anunciado tu separación, necesitas poner especial cuidado en responder a las inquietudes de tus hijos.

Tus respuestas siempre deben indicar lo siguiente:

Que has escuchado lo que tu hijo dijo. Para conseguirlo "espejea" lo que te dijo: "Entiendo que estés triste porque tu mamá se va a ir."

Que consideras válidos sus sentimientos. Para conseguirlo usa la empatía: "Debe ser difícil para ti extrañarla. La mayoría de los niños se sentirían igual que tú."

Que estás abierto a futuras discusiones. Para conseguirlo asegúrale que sus sentimientos son normales: "Apuesto que si las mamás de otros niños se fueran, a ellos también les preocuparía saber quién va a cuidarlos." Prometiéndole tu atención: "¿Sabes?, cuando quieras hablar, siempre estaré para ti; estoy especialmente libre después de la hora de cenar."

A continuación te presentaré algunos ejemplos de los mensajes reales e involuntarios que los niños reciben a partir de declaraciones bien intencionadas.

Si tu hijo dice: "¡Estoy enojadísimo con ustedes! ¿Cómo pudieron hacerme esto?" Puedes responder:

"Pues nos esforzamos mucho." Ésta es una respuesta defensiva que no reconoce ni está dirigida hacia el dolor y el enojo del niño. Para tu hijo, esto esencialmente le está diciendo: "Oye, no te enojes con nosotros. Hicimos lo mejor que pudimos y no funcionó." (¿Sería ésta una excusa que tú aceptarías de tu hijo?)

"No va a ser tan malo. Podrás ver a tu papá todos los fines de semana." Esta respuesta rescatadora ignora su enojo y sugiere que sus sentimientos no son tan importantes. Para tu hijo esto suena como, "¿De qué te preocupas? No significa que no verás a tu papá nunca más".

"Debes estar muy molesto y enojado de que esto esté pasando." Es la única de las tres respuestas que le trans-

mite a tu hijo que lo escuchaste, que lo comprendes y que estás abierto para escuchar cualquier otra cosa que tenga que decirte.

Si tu hijo te dice: "No entiendo, pensé que las cosas estaban yendo mejor." Puedes decirle:

"Lo intentamos con ahínco, pero ni siquiera así mejoraron." Esta respuesta defensiva simplemente le dice: "Lo siento, pensaste mal."

"Pero así será mejor, porque tu papá y yo ya no nos pelearemos." Ésta es una respuesta de rescate que transmite el mensaje de: "No te sientas mal, ¿quién necesita una familia feliz si podemos tener un divorcio estupendo?"

"Debe ser triste para ti, especialmente porque creías que las cosas se solucionarían." Es una respuesta dirigida hacia los sentimientos de tu hijo. "No entiendo" es a menudo la manera que los niños tienen de decir "estoy triste". Esta respuesta dice que no sólo entiendes que esté triste, sino que sus sentimientos son válidos y apropiados.[8]

---

[8] M. Gary Neuman, "Send the Right Message" en: *op. cit.*, p. 230.

¿A quién más le digo?

Es recomendable hablar del divorcio con tus parientes y amigos cercanos. Nunca hagas del divorcio un secreto ni les prohíbas a tus hijos hablar de ello, pues los niños se benefician mucho del apoyo que obtienen por parte de las personas que los quieren. Además, un niño que tiene que ocultar un divorcio ante los demás, digamos ante sus abuelos, aprende a verlo como algo malo y se confunde mucho. "La negación obliga a que los miembros familiares crean en los mitos y en las mentiras a pesar de las evidencias, o a que crean que el mismo comportamiento tendrá distintos resultados."[9] Así, un niño puede llegar a creer —a pesar de las evidencias— que sus padres no están separados. O puede tener la fantasía de que, si continúa negando el divorcio, sus padres se reconciliarán, por inverosímil que parezca. Si le enseñas a tu hijo a negar la realidad, perderá confianza en ti, le costará más trabajo desprenderse de sus fantasías de reconciliación y le será mucho más difícil sobreponerse al proceso de divorcio.

Para muchas personas resulta muy difícil y doloroso hablar del divorcio y de la separación, especialmente con sus padres. Sin embargo, tarde o temprano ellos se enterarán y entre más pronto se enteren, mejor será para tus hijos.

Cuando hables del divorcio nunca digas cosas que no quieras decir —las personas pueden tornarse muy inquisitivas—, ni te abras demasiado con gente que no conoces bien; pueden triangular la relación y crearte problemas con tu excónyuge. También es recomen-

---

[9] *La familia*, de John Bradshaw, Editorial Selector, México, 2000, p. 134.

dable que prepares alguna respuesta que te acomode, una respuesta "de cajón", para aquellas personas que no son significativas para ti, como los vecinos o esos tíos que nunca ves, pues la mayoría de la gente al conocer la noticia de un divorcio no sabe qué decir y lo primero que se les ocurre es preguntar por qué —aunque en el fondo ni siquiera les interese. Para esas personas te recomiendo la frase: "incompatibilidad de caracteres", pues corta de tajo la conversación. También las frases: "me duele mucho hablar de ello", o "prefiero no hablar de ello ahora", son de utilidad.

Si te separaste pero existen posibilidades de una reconciliación, debes dejarlo en claro para no dar explicaciones después.

Por último, también debes hablar de tu divorcio con los profesores de tus hijos y con las personas que convivan cotidianamente con ellos, como la nana, la maestra de piano o tu vecino. Es fundamental que avises en la escuela de tus hijos y que platiques con sus maestros. Hazles saber que estás pasado por un proceso de divorcio y que agradecerías infinitamente que te informaran si notan un cambio en tu hijo. También pídeles que sean más comprensivos con él. Aclárales que esto no es algo que tengan que hacer público con sus compañeritos de clase —hay maestros tan incompetentes...— y que el niño se lo dirá a quien él decida y cuando él quiera.

Aunque no lo creas, en la escuela, a algunos niños los molestan ¡porque sus padres se están divorciando! Si esto le ocurriera a tu hijo, actúa como lo harías en cualquier otro caso: enséñale que no manifieste que lo que le están diciendo le duele, pues cuando un niño le dice cosas hirientes a otro, lo que quiere es *molestar* y si no recibe una reacción por parte del molestado, casi siempre deja de hacerlo. Hay niños a los que molestan porque usan lentes, a otros porque son malos para los deportes o porque se sacan los mocos. Manéjalo de la misma manera y no reacciones de más. Desgraciadamente la crueldad infantil es algo que, cualquier niño, con o sin divorcio, tiene que enfrentar en algún momento.

Capítulo IV
¿Cómo reaccionan los niños ante un divorcio?

Los niños no tienen ni pasado ni futuro; viven el presente, cosa que muy pocos adultos hacemos.

La Bruyére

En este capítulo analizaremos las reacciones más comunes que presentan los hijos ante la noticia y el proceso de divorcio y cómo responder a ellas.

Cuando hablamos de *reacciones* es imposible establecer tiempos o reglas fijas, pues el divorcio afecta a cada edad y a cada niño de manera diferente. Por ello, es probable que no identifiques en tus hijos algunas de las reacciones que se enumeran a continuación o que las identifiques en etapas distintas a las que se señalan —hay niños que presentan las reacciones antes, otros después y otros nunca. Así que si tu hijo tiene ocho años y tiene una reacción que supuestamente debería presentar un niño de cuatro años, no te preocupes, es perfectamente normal. Recuerda que cada niño tiene su propio nivel de desarrollo y el hecho de que tus hijos reaccionen de una u otra manera tiene que ver, sobre todo, con su propia personalidad.

Bebés y niños muy pequeños

Por lo general pensamos que cuando los niños están muy chiquitos no se dan cuenta, sin embargo, incluso los bebés de brazos notan que algo diferente está pasando y su respuesta casi siempre es corporal. Los niños pequeños casi siempre manifiestan su angustia a través de regresiones: si ya dormían en su cuarto, quieren dormir con su madre o con su padre; si ya no se despertaban de noche, vuelven a despertarse; si ya no usaban pañales, comienzan a tener accidentes, etcétera. Lo mejor que puedes hacer ante estas regresiones es tratarlas de manera casual: ni las promuevas ni les des demasiada importancia.

Es importante que las personas que se están divorciando con bebés o niños chiquitos sepan que es probable que sus hijos lloren más, que quieran estar más tiempo con la madre (o el padre), que se tornen más tímidos de lo habitual; que pierdan el apetito o coman mucho; que ya no se vayan con extraños como solían hacerlo antes de la separación y que muestren miedo a quedarse solos. También pueden presentarse problemas de sueño, pueden dormir mucho o tener dificultades para conciliar el sueño en las noches. Y casi siempre presentan cambios en sus estados de ánimo, suelen mostrarse más irritables y berrinchudos.

La sugerencia a esta edad es tratar de que los horarios de sueño y comida varíen lo menos posible, ya que las rutinas les dan mucha seguridad a los niños. También es fundamental que el padre no residente no se desaparezca, que vaya a visitar al niño por las noches y esté presente cotidianamente para hacer que la separación sea menos drástica. Aunque es muy difícil hablar con los niños a esa edad, sí puedes pedirles que dibujen o jugar con ellos, quizá con títeres, para motivarlos a expresar sus sentimientos. Es crucial ser especialmente afectuosos con estos pequeños, ya que para ellos, las muestras físicas de afecto a menudo sustituyen a las palabras.

Niños preescolares

He considerado a los niños preescolares a partir de los dos años y medio, y hasta los seis.

La característica primordial de estos niños es el pensamiento mágico, por ello es común que muchos de estos chiquitos piensen que sus papás se divorciaron porque se portaron mal o porque tuvieron sentimientos feos y piensan que estos sentimientos se volvieron realidad. A estos niños hay que estarles diciendo constantemente: "No es tu culpa, no es tu culpa" —incluso pasado el tiempo del divorcio.

Otra característica común en los niños preescolares es el miedo al abandono. Es importante entenderlo y ayudarlos a manejarlo, ya que en su pensamiento mágico pueden pensar que si su padre se fue, lo mismo puede suceder con su mamá. A estos niños hay que decirles constantemente: "Aquí estoy, aquí voy a estar." También es común que algunos de estos chiquitos traten de portarse extremadamente bien (son los "angelitos" de los que hablamos en el primer capítulo), ya sea porque sienten que ellos tuvieron la culpa del divorcio o porque tienen miedo al abandono. La sugerencia es la misma: dejarles muy en claro que ni tuvieron la culpa del divorcio y que la madre o el padre residente va a seguir estando a su lado.

Las regresiones de todo tipo también son frecuentes a esta edad. Por ejemplo, un niño habitualmente compartido puede tornarse egoísta. De por sí, los niños preescolares son egoístas y no saben compartir, pero esto por lo general aumenta con el divorcio, pues tienen miedo de que las cosas se desvanezcan. También es probable que se vuelvan extremadamente sensibles por afrentas reales o imaginarias; ten paciencia con esto, ya que en ocasiones es la manera de expresar que necesitan más tiempo o contacto físico.

Algunos de ellos empiezan a enfermar, les duele la panza, la cabeza y, dependiendo de la atención que sus padres le den a esto, pueden incluso desarrollar enfermedades psicosomáticas. Si un niño dice: "Me duele la panza", es bueno atenderlo, pero si sólo le proporcionas atención cuando le duele la panza, le estarás enseñando a obtener afecto cuando está enfermo. Lo mejor es darle más atención cuando está bien para que entienda que no hay beneficio secundario, o que hay más beneficios secundarios, cuando está bien que cuando está mal.

Pasar tiempo con estos niños es importante, pues el juego es la mejor herramienta que tienen a su disposición para aprender a manejar sus sentimientos. Es recomendable hacer una cita, por ejemplo, para llevarlos al parque, con cada uno de los hijos a solas para que les sea más fácil expresar lo que están sintiendo. ¡Y aguas con la información!, pues a veces estos niños se convierten en el "basurero" del enojo de sus padres quienes piensan que *como son chiquitos, no se dan cuenta*, pero claro que se dan cuenta y les afecta muchísimo.

Niños en la escuela primaria

Los niños de seis a diez años no son tan chiquitos como para que su imaginación supla sus carencias, pero no son tan grandes ni tan maduros como para manejar responsablemente toda la información que están recibiendo. Uno de sus miedos más grandes es ser desplazados. Generalmente se preguntan: "¿Voy a tener otra mamá u otro papá?" "¿Va a venir alguien más que va a estar contigo?" O "¿Y tú me vas a dejar de querer?" Las preguntas "¿quieres más a mi hermano que a mí?" o "¿quieres más a mi papá que a mí?", que de por sí son recurrentes a esta edad, se incrementan mucho con un proceso de divorcio.

También es a esta edad cuando más se dan las fantasías de reconciliación. Como a esta edad están más conscientes de lo que sucede y no tienen la suficiente madurez para aceptarlo, el deseo de que el papá regrese es más pronunciado; estos niños pueden hacer planes para que los papás vuelvan. El deseo de reconciliación se presenta en casi todos los niños y a veces no desaparece ni siquiera cuando el papá está casado con alguien más. Sin embargo, a diferencia de los chicos más grandes —para quienes el deseo se convierte en una especie de sueño con el que aprenden a vivir— estos niños se sienten impotentes y ante la impotencia de no unir a sus papás se enojan con ellos mismos: "Yo quiero que tú regreses con mi papá, yo quiero que estén juntos, ¿por qué no puedo conseguirlo?" O con sus papás.

La somatización y la manipulación también se dan en esta edad. Lo peor que podemos hacer como papás es manifestarle a nuestros hijos que nos afecta lo que están haciendo. Si un niño se da cuenta de que puede controlarte diciendo que le duele el estómago, fingiendo tos o escupiendo la comida, lo va a seguir haciendo. Haz todo lo que esté en tus manos para que tu hijo no sienta que te puede manipular, porque si a ti te enloquece lo que está haciendo —y lo demuestras— tu hijo habrá ganado la batalla. Hay que entender que la mayoría de las cosas que hacen los niños para manipular provocan mucho enojo, y el hecho de estar enojado no te hace un mal padre. Sin embargo, trata de controlar tu enojo para que el niño no se dé cuenta de que te está manejando con lo que hace y para que descubra que tendrá mayores beneficios si se comporta de otro modo. También es recomendable hacer que vivan consecuencias lógicas con su comportamiento: por ejemplo, si escupió la comida, que la limpie. (En el libro *Niños autosuficientes*, de Elisa Medhus, Aguilar, México, 2003, podrás encontrar más información al respecto.)

A estos niños hay que observarlos académicamente. Es probable que comiencen a manifestar su malestar bajando de calificaciones. Lo mejor que puedes hacer es hablar con sus maestros para que te orienten sobre qué está pasando y cómo se está comportando tu hijo, para decidir si necesitan algún tipo de apoyo, ya sea académico o psicológico.

Otro aspecto que no debes pasar por alto es la relación que establece con otros niños, porque a esta edad hay una tendencia a que se depriman, se aíslen y prefieran la compañía de otros adultos a la de los niños. En este sentido, resulta útil fomentar su relación con amigos, ya sea invitándolos a tu casa u organizando actividades donde tenga que convivir con otros niños. También es importante ayudar a tus hijos a hablar del divorcio con sus amigos, pues esto generalmente les cuesta mucho trabajo.

A esta edad los niños son especialmente sensibles a los comentarios que hacen los padres respecto a los problemas económicos. Pues los niños entienden todo literalmente y se preocupan de más. Por eso es importante decirles que los problemas de dinero son cosas de gente grande y que ustedes lo van a solucionar.

Otro aspecto que debes fomentar es la convivencia con sus primos, tíos y abuelos.

Púberes y adolescentes

Con los púberes y los adolescentes, la gente tiende a pensar que como están más grandes, el divorcio les va a afectar menos y no necesariamente es así. Las dos reacciones más características de estos chicos son el enojo y la incertidumbre, sin embargo, por su edad, a menudo son muy hábiles para ocultar sus sentimientos y por lo general son más proclives a mostrar ira que tristeza.

La adolescencia es el momento cuando el proceso de separación e individualización tiene lugar y esto puede tornarse especialmente conflictivo durante un divorcio. Algunos adolescentes toman partido por alguno de los padres y otros aprovechan la situación para separarse demasiado de la familia, rompiendo con todas las responsabilidades, las reglas, la disciplina y, por supuesto, con la problemática familiar. Entre más frecuente sea la tensión en la casa y peor esté el ambiente, más proclive se sentirá un adolescente a huir. La huida puede ser física —por ejemplo, se van de la casa—, o pasan demasiado tiempo con amigos o parientes; desgraciadamente, también puede huir usando drogas, alcoholizándose, incluso mediante un embarazo no deseado para sentirse amado o necesitado.

Con los adolescentes se da algo muy curioso, por un lado son muy rebeldes, pero por el otro son muy juiciosos y moralistas. Por ello es común que sean precisamente los chicos de este grupo quienes más juzguen a ellos. Y que culpen excesivamente a uno de ellos. Estos chicos resienten mucho el hecho de ser usados como recaderos y es mucho más fácil que tomen partido. Pueden sentir mucho rechazo hacia el padre que se va de la casa, a diferencia de los chiquitos que tienden a apegarse mucho al padre que no está.

Una de las cosas que más vergüenza les causa es el hecho de que sus padres, al divorciarse, actúen como adolescentes. Que se vistan igual que ellos y que casi casi les pidan la ropa prestada. Cuando esto sucede, los adolescentes entran en una dinámica en que la relación con sus padres se torna competitiva, pues los padres tratan de hablar el mismo lenguaje que los hijos. En consulta me han tocado casos de adolescentes que se encuentran a sus padres en la misma discoteca o en los mismos centros de diversión. Lo que estos chicos sienten al ver que sus padres están actuando como ellos es horror, coraje y vergüenza, pues sienten que sus padres están invadiendo su espacio.

Otra situación que se presenta a menudo es que el hijo asuma el papel del padre que se ha marchado. Esto se da a cualquier edad, pero mucho más cuando los niños llegan a la adolescencia. En este sentido es recomendable que no les impongas a tus hijos o hijas las tareas que anteriormente realizaba tu cónyuge.

¿Las sugerencias? En esta edad es cuando más necesitas ponerle límites a tus hijos, pues aunque los adolescentes vayan disfrazados de "independientes", necesitan límites y estructura para desarrollarse adecuadamente. También tienes que buscar mejores maneras de comunicarte con ellos, por ejemplo, hablándoles en primera persona: "Yo pienso..." "Yo quiero..." "Yo siento..." No en tercera: "Eres un..." "Debes..." "Tienes..." pues esto sólo les causará mayor rebeldía.

Aunque ya sean mayores, los adolescentes siguen teniendo mucha necesidad de sus padres; necesitan que asistas a sus partidos, festejos, graduaciones y eventos importantes. Así que, aunque te digan que no vayas, no les creas y acompáñalos.

También la edad de estos chicos los hace más susceptibles a recibir confidencias de sus padres; algunos juegan el papel de "maduros" y tratan de obtener información que sólo les concierne a sus padres —como los pormenores de sus relaciones personales. A los adolescentes debes darles la información que pidan pero que puedan manejar; generalmente lo que quieren son respuestas sencillas, claras y directas, no confesiones: "Tu papá está mal" o "las cosas no deberían ser así, pero tu mamá..."

Durante esta etapa muchas veces sucede que a los niños que pasaron la infancia con uno de sus padres les cause curiosidad saber qué se siente vivir con el otro. Si esto sucediera, no te sientas mal, no se debe a que hayas sido un mal padre, ni que tus hijos sean unos malagradecidos, sino más bien a una inquietud propia de su desarrollo. Es común y también saludable que los hijos cambien de residencia, sin embargo, trata de que esto no se convierta en un ir y venir de una casa a otra ni en una guerra de lealtades o manipulaciones, diciéndoles, por ejemplo: "Tú mamá no te comprende y no te llevas bien con ella, mejor vente a vivir conmigo" o cosas por el estilo. Los niños tienen que entender que tienen su casa y un espacio en la casa del padre o la madre no residente.

Por último, recuerda que la adolescencia es un periodo difícil para cualquier padre, no cometas el error de creer que toda la rebeldía y los problemas de esta edad se deben a tu divorcio. Platicar con padres no divorciados puede ayudarte a poner las cosas en perspectiva.

Hijos adultos

Generalmente las personas que se divorcian y tienen hijos adultos piensan que, puesto que ya tienen su vida, la noticia del divorcio no les afectará. Y esto no es así necesariamente. A los hijos adultos les puede doler mucho saber que el estilo de vida que conocieron durante la infancia ha desaparecido y a menudo sienten que sus recuerdos no son otra cosa que falsas ilusiones. Además pueden sentir mucha vergüenza, especialmente si alguno de sus padres está saliendo con una persona muy joven. También pueden sentirse agobiados por el hecho de tener que afrontar otro problema más —el divorcio de sus padres y el apoyo que éstos necesitan— en un momento en que pueden tener muchos problemas personales. Los hijos adultos en ocasiones pueden llegar a meterse más en el divorcio de sus padres que los hijos más jóvenes y pueden reaccionar muy negativamente, por ejemplo, negándoles la visita de los nietos al padre que consideran que tuvo la culpa del divorcio.

Otra de las cosas que les sucede a los hijos adultos es que, tras el divorcio de sus padres, se ven obligados a cargar con la responsabilidad de uno de ellos. Aunque tus hijos sean adultos en el momento de tu divorcio, eres tú quien debe responsabilizarse de la decisión que estás tomando y no esperar que sean tus hijos quienes se hagan cargo de ti: no sería justo.

Nunca les digas a tus hijos que permaneciste casado o casada por su bien, aunque sea cierto. Pueden resentirse mucho. Ayúdales a entender que las memorias que tienen respecto a su pasado no son una farsa y que las personas cambian. Trata de que obtengan una imagen más realista de ti —pues muchos hijos tienen a sus padres en un nicho— y aprovecha esta época para establecer relaciones individuales con tus hijos. Es común que los hijos adultos se muestren renuentes a pasar las fiestas familiares con alguno de sus padres después del divorcio, si ése fuera tu caso, no los obligues. Para ellos es especialmente importante establecer tradiciones con sus cónyuges e hijos.

Consejos básicos a cualquier edad

A cualquier edad, es importante:

Decirles que el divorcio no fue su culpa.

No hablar mal del cónyuge. (Si tienes algo positivo que decir, dilo. Si no, calla.)

Tratar de ponerte de acuerdo con tu pareja en cuanto a la disciplina y los permisos, por lo menos frente a los niños.

No contradecir a tu excónyuge ni hacer que tus hijos tengan que tomar partido.

Pasar tiempo a solas con cada uno de tus hijos.

Hacer que la relación padre-hijo, madre-hijo sean iguales.

No hacerlos participar en una guerra de lealtades; hacerles saber que al querer al papá o a la mamá (a la novia o novio del papá o de la mamá) no está traicionando el cariño del otro padre.

No culpar al padre que no está por todo lo malo que sucede, como puede ser la angustia, la tristeza o el miedo de tus hijos.

Evitar compararlos con cualquiera de sus padres. Si los defectos de tu hijo o hija son idénticos a los de tu expareja —y pasa muy a menudo— no le digas: "Eres igual a tu padre", sino más bien habla de lo que te molesta en primera persona. Por ejemplo: "Me duele mucho que te pongas agresiva conmigo cuando estás enojada."

Ayudar a que tu hijo no se sienta avergonzado por lo que está sucediendo. Hacerle saber que el divorcio es una situación penosa y dolorosa pero no es ni vergonzosa ni un fracaso.

No pedirle al hijo o a la hija que haga las cosas que el padre ausente ya no hace. Si el papá cambiaba todos los focos, trata de ser tú quien haga esa tarea y pídele a tu hijo que te ayude con otra cosa. Si la mamá era quien lavaba toda la ropa, trata de que tu hija te ayude con algunas cosas. El objetivo es que los hijos no sientan que están sustituyendo al padre o a la madre que se fue.

No convertir a tus hijos en confidentes, no colgarte de ellos ni permitirles que tomen el papel de padres contigo.

Ponerles límites y establecer reglas claras. No permitir que la culpa o el dolor que sientes por tu divorcio te convierta en un padre permisivo.

Y por último, lo más probable es que todo esto no te salga a la perfección, —todavía no conozco a ningún papá ni a ninguna mamá divorciada que lo haya logrado. Así que cuando metas la pata, recuerda que es de humanos equivocarse... y vuelve a intentarlo. Lo más importante es que tus hijos sepan que los quieres y deseas su bien.

¿Cuándo debes buscar ayuda profesional para tus hijos?

Si tiene un desempeño académico inusualmente bajo durante un semestre o más, incluso después de haber consultado y trabajado con sus profesores y los consejeros escolares.

Si está perdiendo amigos por mostrarse inusualmente agresivo o apático y porque no parece llevarse bien con nadie.

Si sus arranques de enojo son inusualmente intensos, si hace demasiados berrinches o si sobrereacciona ante situaciones sin importancia. O si constantemente golpea a otros, a sí mismo, o inflige daños en propiedad ajena.

Si durante mucho tiempo presenta cambios de ánimo que van de la hostilidad al afecto extremo.

Si continúa afligiéndose irrestrictamente por el padre que se fue o por la vida familiar anterior.

Si notas otros cambios radicales en su comportamiento, como problemas continuos en la escuela, mentir, estafar o robar; así como el uso de alcohol y otras drogas.[1]

Si muestra una resistencia absoluta a hablar del divorcio.

Si presenta excesivas enfermedades físicas.

Si se muestra inusualmente apático y deprimido.

Si habla de suicidio. Si descubres que está regalando sus cosas favoritas. O si encuentras notas que sugieran que quiere quitarse la vida.

---

[1] Vicki Lansky, "Consider Professional Help When" en, *Divorce Book for Parents*, Book Peddlers, Minnetonka, 1996, p. 58.

El duelo

Tras un divorcio se suscita, en mayor o menor medida, un duelo. Sin embargo, es común que este duelo sea socialmente ignorado y que las personas que están pasando por un proceso de divorcio reciban mucho menos apoyo del que necesitan. Aunque muchos expertos apuntan que un divorcio es "sólo ligeramente menos traumático para los niños que la muerte de uno de sus padres",[2] los niños huérfanos y el viudo o la viuda reciben mucho más apoyo —económico, moral, emocional y social— del que recibirían en caso de divorcio. Así, a pesar de que el divorcio sea una decisión, también supone una pérdida y por ello es importante tener en mente cuáles son las etapas que se presentan durante un proceso de duelo, para que puedas estar consciente de ellas tanto en ti como en tus hijos.

En su libro, *On Death and Dying,*[3] Elizabeth Kubler-Ross señala que tras recibir una noticia catastrófica, las personas pasan por cinco etapas. Aunque Kubler-Ross llegó a la conclusión de la existencia de las cinco etapas trabajando con enfermos terminales, éstas pueden presentarse ante casi cualquier pérdida. Las etapas son: negación, enojo, negociación, depresión y aceptación. Para entenderlas mejor, te daré un ejemplo que, aunque puede sonar trivial, las explica perfectamente.

Supongamos que vas tarde a trabajar y al encender tu automóvil te das cuenta de que se bajó la batería.

---

[2] *Ibid.* p. 27.
[3] Elizabeth Kubler-Ross, *On Death and Dying*, Macmillan Publishing Company, E. U., 1969.

1. **Negación:** Lo primero que harás será tratar de encender el automóvil una y otra vez. Quizá revises que las luces, la calefacción y el radio no estén encendidos o quizá saques la llave del interruptor para verificar que la metiste bien... Después, ¡volverás a tratar de encenderlo! a pesar de que las evidencias te indiquen que la batería está averiada.

2. **Enojo:** Tu siguiente reacción será enojarte. Dependiendo de tu temperamento, puedes "insultar" al automóvil, darle de golpes al volante o enojarte contigo mismo.

3. **Negociación:** Al darte cuenta que llegarás tarde a trabajar, puedes decir algo como: "Por favor cochecito, arranca y te prometo que te cambio la batería." O cualquier cosa por el estilo.

4. **Depresión:** "Dios mío, ¿ahora qué voy a hacer? Voy a llegar tarde al trabajo. Me doy. Mi empleo está en juego pero la verdad ya ni me importa. ¿Qué puedo hacer? Todo es una desgracia."

5. **Aceptación:** "De acuerdo, la batería no funciona. Debo llamar al mecánico y buscar otra manera de llegar a mi trabajo. Tengo que darme prisa, después veré que hago con el coche."

Como puedes ver, las cinco etapas no sólo se presentan ante pérdidas mayores, como puede ser un divorcio o la muerte de un ser querido, sino también siempre que cambian las circunstancias (como en el caso del coche). Habiendo ejemplificado las cinco etapas del duelo, ahora veremos qué es lo que ocurre en los niños cuando se enteran de la noticia del divorcio.

Negación: "No, esto no puede estarme pasando a mí. Esto no puede ser cierto." Por lo general, ante la noticia, los niños entran en estado de shock, se sorprenden y no creen que sea cierto.

Enojo: "¡Por qué a mí!" El enojo de los niños puede expresarse hacia uno de sus padres, hacia ambos o hacia ellos mismos. Y también se presentan sentimientos de confusión respecto a las lealtades.

Negociación: "Sí, me está pasando a mí, pero..." En esta etapa los niños pueden tratar de cambiar la decisión de sus padres ("Pero si dicen que me quieren tanto, ¿por qué no pueden hacer que las cosas funcionen?"). También en este momento los niños se preguntan cómo va a cambiar su vida "¿Qué va a pasar conmigo, con mi familia, con mis amigos, y con mi forma de vivir?"

Depresión: "Sí, me está pasando a mí." En los niños se dan sentimientos de tristeza y soledad. También se sienten diferentes, aunque haya miles de niños hijos de padres divorciados; en algunos casos pueden llegar a sentir vergüenza.

Aceptación: "Es verdad." Cuando los niños entienden y asumen que el divorcio es un hecho y no pueden hacer nada para modificarlo, tratan de ajustarse a su nueva realidad.

Éstas son, a grandes rasgos, las etapas que se dan durante un proceso de duelo. No obstante, es importante destacar que ante una pérdida no todas las personas pasan por las cinco etapas y éstas no forzosamente se presentan en el orden que establece Elizabeth Kubler-Ross.

Asimismo, la intensidad y la reacción de cada persona dependerá de cómo percibe la pérdida y los cambios que ésta trae consigo. También la duración de un proceso de duelo varía enormemente. Algunos expertos señalan que éste dura entre tres y 12 semanas, pero puede durar mucho más, hasta un año, especialmente si la persona no recibe apoyo de sus seres queridos durante dicho periodo.

Los niños no reaccionan igual ante las pérdidas. Unos pueden nunca enojarse, otros enojarse demasiado; algunos pueden no entrar en etapa de negación o negar los hechos por mucho tiempo; en otros la etapa de la negociación nunca se presenta, y otros pueden bloquearse y no expresan lo que están sintiendo. Así, es importante destacar que las etapas del duelo son sólo una guía y de ninguna manera pretenden establecer lo que sucederá con cada niño.

También es fundamental dejar muy claro que aunque el divorcio sí afecta a los niños durante cierto tiempo, esto no quiere decir que los lastime de por vida.

El grado de afectación de los niños y los efectos que el divorcio tiene en ellos varían mucho y no se ven determinados por un solo factor, sino por varios. Las reacciones de tus hijos dependerán de las circunstancias económicas, la edad, el género, sus personalidades, su repertorio de habilidades para adaptarse, la naturaleza de tu familia, el grado de disponibilidad de ambos padres, la presencia de un tercero y el grado de hostilidad que se exprese. Las reacciones de tus hijos serán determinadas en gran medida por tu propia reacción. Los niños modelarán su comportamiento dependiendo de cómo te estés adaptando tú. Y la manera en que tú manejes la transición del divorcio y tu propio enojo, afectará más a tus hijos [para bien o para mal] que el divorcio en sí.[4]

Aunque no podemos controlar las emociones que llegamos a sentir, somos responsables de decidir qué hacer con ellas. En este sentido, es recomendable poner atención a las cosas que te dices

---

[4] Vicki Lansky, *op. cit.*, p. 29.

durante el día y frenar el discurso interno negativo para no socavar aún más tu estado de ánimo. Por otro lado, si te estás sintiendo demasiado mal y consideras que no puedes manejar las cosas, es aconsejable buscar asesoría médica para funcionar lo mejor posible dentro de un proceso de divorcio.

Decíamos anteriormente que tras un divorcio se origina, en mayor o menor medida, un proceso de duelo. Como su nombre lo indica se trata de un *proceso* que tarde o temprano llegará a su fin. Así que no te desanimes. *Tus hijos saldrán adelante.* Pero para hacerlo tendrás que ayudarlos a elaborar el duelo, es decir:

A aceptar la realidad del divorcio.

A experimentar el dolor que presupone un divorcio.

A ajustarse a su vida como hijos de padres divorciados, y a entender que sus dos padres los siguen amando y que los niños no tuvieron la culpa del divorcio.

Finalmente, a reinvertir su nueva realidad, es decir, a reconstruir su castillo sobre los cimientos del amor, la confianza, la expresión de sentimientos y la seguridad.

De esto hablaremos con más extensión en el capítulo seis. Por el momento, es importante que estés consciente que el proceso de duelo se dará tanto en ti como en tus hijos, que te des tiempo para elaborarlo y pidas ayuda a tus seres queridos. Recuerda: entre mejor estés tú, mejor les irá a tus hijos.

Capítulo V
Actitudes y conductas que debemos evitar

Nuestra principal preocupación debería ser proteger

a nuestros hijos de nuestra demencia temporal.

Will Glennon

En este capítulo hablaremos de las cosas que los padres *no deben hacer* durante un proceso de divorcio; es decir, de aquellas actitudes y conductas que dañan enormemente a los hijos. Es probable que algunos de los siguientes ejemplos te resulten exagerados o aberrantes; sin embargo, todas las conductas y actitudes que te presentaré las he visto en personas divorciadas más veces de las que me gustaría aceptar. Si llegaras a identificarte con alguno de los casos, no pierdas el tiempo sintiéndote mal por lo que has hecho, mejor concéntrate en las sugerencias que se dan para evitar esas conductas y haz tu mayor esfuerzo para no seguirlas repitiendo. Si a pesar de tus esfuerzos la conducta negativa persiste, te recomiendo buscar ayuda profesional para que puedas descubrir una mejor manera de relacionarte con tus hijos y encauzar tus emociones negativas.

Recuerda que el divorcio en sí *no trastorna* la vida de los hijos, pero un mal manejo de las emociones en un divorcio *sí puede* trastornar la vida de los hijos.

La culpa

La culpa es uno de los sentimientos que más comúnmente se presentan en las personas divorciadas, y en las que no se atreven a tomar la decisión de divorciarse. Ante un divorcio las personas por lo general asumen dos posturas respecto a la culpa. Por un lado están aquellos padres que sienten *tanta culpa* por haberse divorciado que ésta no les permite salir adelante; y por el otro los que buscan culpables para explicar su rompimiento.

Al divorciarse, la mayoría de las personas experimentan cierto grado de culpa, pero pasado cierto tiempo consiguen superarla. Esto es normal y no debe preocuparte. Sin embargo, existen otras personas cuya culpa es tan grande, que no les permite enfocar sus energías ni en su futuro ni en su bienestar. Estos individuos consideran que a sus hijos les va a ir mal por el divorcio y esto les hace sentir tanta culpa que deciden anularse como personas, negarse a otra relación afectiva, dedicarse exclusivamente a la crianza de sus hijos y conformarse con una vida que no les gusta. Por otro lado están las personas que, aunque no se culpan directamente del divorcio, culpan a otros. Estos individuos pueden culpar a su excónyuge, a un tercero —como puede ser una amante, los amigos, el trabajo, la familia política, el exceso o la ausencia del dinero y, en algunos casos, incluso los problemas disciplinarios que tienen con los hijos o el hecho de que alguno de los padres se enfoque excesivamente en los hijos olvidándose de la cualquier otra circunstancia de su ruptura. Aunque estas personas no se sienten *culpables* del divorcio, el hecho de estar *buscando culpables* también socava sus energías y por lo general terminan conformándose con una vida que ni les agrada ni les satisface.

También sucede que los padres dejan de tomar decisiones o las toman *por sus hijos*. Muchas veces la culpa impide que los divorciados se desvinculen de sus excónyuges y que sigan jugando a la "familia feliz" ante sus hijos. El siguiente caso es un buen ejemplo de lo anterior:

Aunque Enrique lleva cerca de dos años divorciado y ahora tiene una nueva compañera, cada vez que llega Semana Santa o fin de año, ¡se va de vacaciones con sus hijos y con su exmujer! Aunque esto le causa mucho conflicto con su nueva pareja, la respuesta de Enrique siempre es: "Lo hago para mantener a mi exmujer tranquila, y por mis hijos." Esto definitivamente no es algo que los hijos pidan —o necesiten—, es algo que los papás hacen *por culpa*. Cuando los dos padres divorciados o separados siguen pasando las vacaciones o las navidades juntos, generalmente consideran que lo están haciendo *por el bienestar de sus hijos*. Sin embargo, nada está más lejos de la realidad. El no desvincularse de la expareja tiene su origen en la culpa y, en vez de beneficiar a los niños, los daña muchísimo. Los hijos naturalmente tienen la fantasía de que sus padres se reconcilien, y estas situaciones —ir de vacaciones con sus dos padres o asistir a la boda de un primo, o a la fiesta de Navidad como si fueran una "familia intacta"— generan en ellos falsas expectativas respecto a la reconciliación de sus padres y, cuando las vacaciones o la fiesta llegan a su término, los niños la pasan muy mal; es como si sus padres les obligaran a vivir una y otra vez la noticia de la separación. "Pero si la pasamos tan bien,

¿por qué no pueden volver a vivir juntos?", es una pregunta que, con mucho dolor, se hacen estos pequeños. Además, con situaciones así, los niños no consiguen asumir la realidad de que sus padres están divorciados y que van a seguir estando divorciados, y les cuesta mucho más trabajo adaptarse a su nueva vida. Estas actitudes son egoístas pues sólo buscan mitigar la culpa de los padres *a costa* de la angustia y el aumento en la fantasía de reconciliación de sus hijos. A ningún niño le hace bien que sus padres nieguen la realidad del divorcio y pretendan ser la "familia perfecta".

Tanto los culposos como los que buscan culpables, son individuos que están *atrapados* por la culpa y no hacen lo necesario por salir adelante y afrontar su realidad. El efecto más claro que produce la culpa es la parálisis. Así, la tendencia general de las personas que viven atrapadas por la culpa es deslindarse de la responsabilidad —"Debí haberme aguantado..." "Si no me hubiera casado..." "Si le hubiera hecho caso a mi esposa cuando me dijo que las cosas no estaban funcionando..." "Si esa mujerzuela no hubiera aparecido..." —y ceder el control de su futuro a fuerzas externas.

Según Mavis Hetherington, "las personas que establecen un punto de control externo a menudo piensan que son víctimas inocentes a la merced de los demás y esperan que sean los demás quienes los saquen adelante".[1] Cosa que, por supuesto, nunca sucede.

De hecho, a los 20 años de haber iniciado el Virginia Longitudinal Study, 10 por ciento de los participantes eran considerados *derrotados*. Se trataba de personas que habían empeorado considerablemente en todos los aspectos —afectivo, económico,

---

[1] E. Mavis Hetherington y John Kelly, *For Better or for Worst: Divorce Reconsidered*, W.W. Norton & Company, Nueva York, 2002, p. 106.

profesional y social— a partir de su divorcio. Y su derrota consistía, entre otras cosas, ¡en haber delegado el control de sus vidas a factores externos! Con esto en mente, considero que es de suma importancia que dejes atrás tu culpa y encuentres una mejor manera de enfrentar tu realidad.

¿Cómo? Transformando tu culpa, ese sentimiento paralizante, en responsabilidad. Es decir, dejando atrás los pensamientos destructivos: "Es que soy un mal padre..." "Debí permanecer casada..." "Mis hijos están sufriendo..." y sustituirlos por pensamientos basados en la responsabilidad: "Efectivamente, la decisión que estoy tomando va a traer cambios en la vida de toda mi familia, ¿qué puedo hacer para ayudarme a mí y ayudar a mis hijos a transitar por esta crisis?"

Básicamente transformar la culpa en responsabilidad es hacerte cargo de las emociones que inevitablemente van a surgir en un proceso de divorcio. Una persona se responsabiliza de su culpa al acercarse a personas que la pueden ayudar, ya sean amigos, familiares, o incluso un terapeuta profesional. Una persona se responsabiliza de su culpa cuando mantiene su enojo, o cualquier otro sentimiento negativo, bajo control frente a su expareja o frente sus hijos, y cuando se dirige a ellos de manera respetuosa y guardando la calma. Esto no quiere decir negar las emociones, sino evitar que la expresión de estas emociones se tornen destructivas, tanto hacia ti como hacia tus seres queridos (o no tan queridos, como puede ser tu excónyuge).

Transformar la culpa en responsabilidad es detener el discurso interno negativo ("Debí..." "Hubiera..." "Si tan sólo...") y enfocar tu pensamiento en buscar soluciones a corto, mediano y largo plazo: "¿Me conviene entrar a trabajar o a estudiar?" "¿Quiero volver a tener una pareja?" "¿Sería conveniente irme a vivir con mis padres?" "¿De qué manera puedo pasar más tiempo con mis hijos?" "¿Vale le pena hacer un sacrificio en este momento a cambio de un mejor porvenir?" Transformar la culpa en responsabilidad es asumir las consecuencias de tu divorcio —incluso si tú no tomaste la decisión de divorciarte— y trabajar para modelar tu futuro de acuerdo con tus sueños.

Quizá en este momento tengas muchas interrogantes respecto a tu vida y a tu porvenir. Quizá incluso pienses que ya no puedes tener sueños, tal vez tu sueño era la familia perfecta que no tienes. Pero a pesar de todo el dolor y la incertidumbre que trae consigo el divorcio, es importante que decidas hacia dónde quieres llegar. Ya que si no lo decides tú, el tiempo y las circunstancias se encargarán de decidirlo por ti, y créeme: No te va a gustar el resultado.

¿Recuerdas el cuento de *Alicia en el país de las maravillas*? Creo que Lewis Carroll nos da un excelente ejemplo de lo anterior cuando Alicia se encuentra con el gato de Cheshire y le pregunta:

—*¿Podrías decirme, por favor, qué camino he de tomar para salir de aquí?*

—*Depende mucho del punto donde quieras ir —contestó el Gato.*

—*Me da casi igual dónde —dijo Alicia.*

—*Entonces no importa qué camino sigas —dijo el Gato.*[2]

Pero en tu caso importa mucho, muchísimo, ya que entre más te responsabilices de tu futuro, de tus decisiones y del manejo de tus emociones, mejor estarán tus hijos.

---

[2] Lewis Carroll, *Alicia en el país de las maravillas*, Millenium, El Mundo, Madrid, 1999, p. 62.

El abandono emocional

El abandono emocional es el equivalente a divorciarte de un hijo. Idealmente el divorcio sólo supone la ruptura de los cónyuges, sin embargo son muchos los casos en que alguno de los padres se "divorcia" de sus hijos.

Tras casi diez años de tener un matrimonio sumamente problemático, José Luis y Mariana decidieron divorciarse. El proceso legal de su divorcio fue muy difícil y doloroso, pues ambos querían la custodia de sus dos hijos. Después de un juicio legal bastante largo, en el que incluso los niños —de 13 y 11 años— tuvieron que declarar, el padre perdió la custodia de los niños.

En un principio, José Luis recogía a sus hijos puntualmente cada 15 días y les llamaba por teléfono varias veces a la semana; incluso a veces los ayudaba por las tardes a hacer sus tareas.

La primera vez que lo vi, José Luis me dijo:

—Cuando estábamos casados, generalmente era yo quien acostaba a los niños y también era a mí a quien recurrían cuando se caían y se lastimaban o cuando tenían algún problema. Ahora que me he divorciado, quiero que mis hijos sigan contando conmigo para todo.

Al poco tiempo de acudir a mi consultorio José Luis me dijo que quería suspender la terapia porque tenía demasiados compromisos laborales, y se fue.

Dos años después, por casualidad, me lo encontré en una comida y le pregunté por sus niños. Me dijo que hacía tiempo que no los veía.

—¿Cuánto tiempo? —le pregunté.

—Cinco meses —me respondió. Para mí ha sido sumamente doloroso no poder tenerlos de tiempo completo. La cosa fue poniéndose cada vez peor, hasta que llegó el día en que comencé a sentir terror cuando se aproximaba el día de estar con mis niños, pues sabía que sólo los tendría por una tarde y luego tendría que regresarlos.

En su estudio, Hetherington apunta:

...aunque la apatía, la falta de apego, o las preocupaciones por sus nuevas vidas causaron muchas de las deserciones paternas, un sorprendente número de hombres se alejaron de sus hijos porque, como a este padre, les resultaba menos doloroso estar completamente fuera de la vida de sus hijos, que estar sólo involucrados a medias. No obstante, otros desaparecieron por el conflicto que tenían con sus esposas o por obstáculos que sus esposas les ponían a las visitas, y por la falta de control que tenían sobre decisiones relacionadas con sus hijos. Se sentían excluidos de la vida de sus hijos.[3]

En el mismo estudio, se comprobó que era más común que las madres no residentes permanecieran activas y comprometidas con sus hijos que los padres no residentes.

Así, cuando se trata de abandono emocional, lo mejor es prevenirlo. El distanciamiento de los hijos por lo general no ocurre de la noche a la mañana sino que se da de manera paulatina. Y es necesario abordarlo desde dos posturas. Por un lado, los padres no residentes sienten tanto dolor por no estar con sus hijos de tiempo completo, que a menudo, y casi sin darse cuenta, van distanciándose de ellos; también es muy común que estos padres usen de pretexto sus compromisos laborales o la nueva relación con un

---

[3] E. Mavis Hetherington y John Kelly, *op. cit.*, p. 120-121.

tercero para alejarse de sus hijos. Por otro lado, la madre (o el padre) que se queda con la custodia de los hijos, a veces contribuye mucho al abandono emocional por parte del padre no residente, haciendo que cada visita sea un conflicto o poniendo un sinnúmero de trabas para que el padre no residente pueda ver a sus hijos.

Por lo tanto, si tú eres el padre no residente, es importante que no permitas que tu dolor interfiera en la convivencia con tus hijos, y que pongas mucha atención para evitar que tus compromisos laborales o tu nueva vida se conviertan en pretexto para distanciarte de ellos. Pues también los hijos se acostumbran a la distancia y ésta se convierte en un círculo vicioso: Como casi nunca ven al padre, cuando éste finalmente los visita, los niños no quieren estar con él, y el padre se siente tan mal por esto, que se aleja aún más. Recuerda que aunque para ti resulte muy doloroso ver poco a tus hijos, para ellos es mucho más doloroso que no los veas. No es justo que los hijos pierdan a uno de sus padres por el divorcio.

Si, por otro lado, tú eres quien se quedó con la custodia de tus hijos, trata de ser cordial con tu excónyuge y no conviertas cualquier visita o llamada en un pretexto para pelearte con él o ella, pues indirectamente puedes impulsarle a alejarse de tus hijos y aunque dicha persona ya no te caiga bien ¡ellos la necesitan! Si tu excónyuge no llama a tus hijos, haz que ellos le llamen. También avísale con anticipación sobre cualquier festival o evento que vayan a tener tus hijos. Si de plano no puedes hablar con él o con ella, déjale un recado con su secretaria o con algún familiar. Recuerda que entre más vinculado se sienta tu ex a la vida de sus hijos, menores serán las probabilidades de que los abandone.

Desgraciadamente el abandono emocional no siempre puede evitarse. En algunos tristes casos, uno de los padres desaparece de la vida de los hijos. Si tu excónyuge ha abandonado completamente a tus hijos, es importante que entiendas que esto es suficientemente doloroso para ellos y que evites aumentarles el dolor que ya sienten hablando mal de esa persona. Cuando uno de los padres desaparece de la vida de los niños, éstos tienden a sentir que fueron abandonados porque hay algo malo en ellos. Por eso es esencial que la persona que los cuida les deje muy en claro que ellos valen y son amados por lo que son y el hecho de que uno de sus padres se haya ido no tiene nada que ver con el niño. También es importante hablarles de frente, sin inventarles historias absurdas.

Con la desaparición de uno de los padres, casi siempre ocurren tres cosas: 1) El padre desaparecido se convierte en un secreto del cual el niño no puede hablar —lo que genera un enorme sentimiento de vergüenza en el niño—, incluso se le dice al hijo que el padre en cuestión ha muerto, y después de varios años el "muerto" reaparece, haciendo que el hijo pierda toda credibilidad en ambos padres. 2) El padre que se queda con el niño habla tan mal del desaparecido, que en la mente del niño termina convirtiéndose en un monstruo; esto daña mucho la autoestima del niño y lo confunde respecto a su propia identidad. 3) La persona que se queda con el niño, en un intento por no lastimarlo, habla demasiado bien del padre —cuando es obvio que es un desobligado—, incluso llega a decirle que éste regresará, creando falsas expectativas en el niño.

Las tres posturas anteriores dañan mucho más al niño de lo que lo dañará saber la verdad: que la persona que se fue es una persona de carne y hueso —ni un ángel que regresará ni el más diabólico de los seres— y se fue por cosas que tuvieron que ver con su propia historia y no por algo que el niño o el otro padre haya hecho o dejado de hacer. Una mamá en esta situación puede decirle a su hijo:

Sí, mi amor, tu papá se fue y a los dos nos duele mucho. El porqué se fue es algo que yo misma no entiendo. Pero quiero que sepas que tu papá no se fue por tu culpa ni por algo que hayas hecho. Tu siempre has sido y sigues siendo una persona maravillosa y el hecho de que tu padre se haya ido no cambia nada de eso. Tampoco debes sentir vergüenza al respecto pues es una decisión de tu padre y tú no pudiste ni puedes hacer nada para cambiar las cosas. A veces las personas deciden irse y es normal que eso te haga sentir triste y enojado. A los dos nos va a costar trabajo, pero vamos a aprender a vivir sin tu papá.

El abandono por parte de uno de los padres siempre afecta a los niños. Sin embargo, si el padre que permanece con ellos maneja bien las cosas (un terapeuta profesional resulta de gran ayuda en estos casos), los niños pueden aprender a vivir con dicho dolor y se desarrollan bastante bien. Pero si además del abandono el niño tiene que vivir constantemente escuchando cosas negativas del padre desaparecido, o haciéndose una falsa ilusión de que éste regresará, o sin hablar del tema, el abandono se convierte en un problema muy grave y los niños, además del dolor, crecen sintiendo una enorme culpa y vergüenza que muchas veces no les permite salir adelante.

Por último, el abandono emocional no siempre va acompañado de la desaparición de uno de los padres. En ocasiones la persona que conserva la custodia de los hijos es quien los abandona emocionalmente, descuidando sus necesidades afectivas y a veces hasta sus necesidades básicas. El siguiente caso ilustra esto con bastante claridad.

Cuando Yolanda se separó de su segundo marido se quedó a cargo de sus dos hijos. El primero tenía ocho años y era hijo de su primer matrimonio, el segundo tenía dos y era hijo de su segundo esposo. Los padres de ambos niños seguían visitándolos con cierta regularidad y las cosas fueron bien durante un tiempo. Sin embargo, cuando Yolanda perdió su trabajo, tuvo que irse a vivir a una pequeña casa que estaba ubicada en el mismo terreno donde estaba la casa de su hermana.

La hermana de Yolanda, Estela, trabajaba como enfermera por las mañanas, tenía tres hijas y le gustaban mucho los niños. Así que no le costó trabajo hacerse cargo de sus sobrinos por las tardes. Aunque Estela y Yolanda nunca se habían llevado bien, Yolanda estuvo de acuerdo en que sus hijos estuvieran parte del tiempo al cuidado de su hermana. Cuando Yolanda regresaba de su nuevo trabajo, a eso de las ocho de la noche, recogía a sus hijos y se los llevaba a su casa. Por las mañanas Yolanda llevaba a los niños a la escuela y Estela los recogía. Todo parecía marchar bien, al menos eso era lo que creía Estela. Sin embargo, cierta noche, Estela escuchó que su sobrino más pequeño lloraba. Al principio no se preocupó, pues sabía que su hermana estaba con ellos. Pero cuando el llanto continuó por más de una hora, decidió ir a ver si podía ayudar en algo.

Cuando Estela llegó a la casa de su hermana, descubrió que sus sobrinos estaban solos y que el pequeño se había lastimado.

—¿Por qué no fuiste a avisarme? —le preguntó al mayor.

—Mi mamá nos tiene prohibido que te busquemos en la noche.

—¿Y a dónde fue tu mamá?

—Con su novio— dijo el más pequeño. Ya casi nunca duerme aquí.

A la mañana siguiente, Estela habló con su hermana. Lo que inició como una discusión terminó en pleito, y Yolanda le prohibió a Estela cualquier contacto con sus hijos. A partir de ese día, los niños se quedaban solos por las tardes y a veces ni siquiera tenían qué comer. Estela sólo podía ver a sus sobrinos en secreto, pues si Yolanda se enteraba que habían estado con la tía, los castigaba y hasta los golpeaba.

Al final, el niño mayor se fue a vivir con su padre y, a instancias de Estela, el menor se fue a vivir con sus abuelos maternos, Yolanda no le permitió quedarse con el niño.

Éste es un caso extremo. La mayoría de las veces el abandono emocional no resulta tan claro. Muchas veces, el abandono emocional de los hijos se origina porque el padre que los cuida sufre de algún desequilibrio emocional, como puede ser una depresión aguda, o algún tipo de adicción. En estos casos, los niños —y también los padres— se benefician mucho con la ayuda de terceros, como pueden ser los abuelos, los tíos o incluso sus maestros. Si alguno de tus conocidos se encontrara en este caso es recomendable buscar ayuda profesional, tanto para los hijos como para el padre o la madre. Incluso cuando ambos padres fallan, los niños pueden sobreponerse si encuentran afecto, protección y apoyo en terceras personas.

Para terminar este apartado, me gustaría dejar muy en claro que los daños que provoca el abandono emocional *no tienen que ver con el divorcio*. El divorcio no provoca abandono emocional. El abandono emocional es provocado por la decisión o por la incapacidad de los padres, no por el divorcio en sí.

Ser abandonado emocionalmente por uno de sus padres es una experiencia difícil y dolorosa para un niño. Sin embargo, al hablarle con la verdad, ayudarle a expresar sus sentimientos, dejarle muy en claro que no fue su culpa y no decirle cosas negativas del padre que desapareció (algo bueno debe tener; por algo escogiste a dicha persona para ser el padre o la madre de tu hijo), los daños del abandono pueden minimizarse.

Todos tenemos una historia, la historia de unas personas es más dolorosa que la de otras, sin duda. Pero a lo largo de mi experiencia como psicóloga, he visto varios casos de personas que, a pesar de haber sido abandonadas emocionalmente por uno de sus padres, tienen una vida plena y satisfactoria. Esto es prueba suficiente para mí de que el pasado no es destino, y de que, incluso ante circunstancias sumamente adversas, las personas pueden salir adelante.

La dependencia

La dependencia en sí no es mala, todos dependemos en cierta medida de los demás. Sin embargo, cuando la dependencia hacia una persona se vuelve excesiva causa mucho daño tanto en la persona que depende como en la que es blanco de la dependencia.

Tras un divorcio la dependencia excesiva generalmente se enfoca en los hijos o en el excónyuge y en algunos casos, en los padres del divorciado.

Adriana se casó a los 18 años; en ese entonces dependía de sus padres y estaba estudiando la preparatoria. Para cuando cumplió 23 años, Adriana ya tenía dos hijos y su matrimonio iba de mal en peor. Adriana, como muchas otras mujeres, pasó de depender de sus padres a depender de su marido, y no sólo desde un punto de vista económico, sino en todos los sentidos: afectivo, emocional, social, incluso para tomar las decisiones más elementales.

Cuando finalmente Genaro, su marido, le pidió el divorcio, Adriana sintió que toda su vida se desmoronaba. Para ella el divorcio no sólo significó perder a su pareja, sino perder su sostén, sus raíces, sus horizontes, sus contactos sociales, sus sueños... su vida. Adriana había consagrado todo su ser a Genaro; había puesto en él todos sus sueños, de tal manera que cuando se fue, Adriana se quedó literalmente vacía. ¿Quién era? Durante más de cinco años se había acostumbrado a pensar en ella misma como "la esposa de Genaro Gómez" y "la madre de Ivonne y Mauricio". Así que al perder la mitad de su definición como persona, se consagró enteramente a sus hijos. Pasó de depender de Genaro a depender de sus hijos.

Puso en Ivonne y Mauricio todos sus sueños, sus expectativas, sus esfuerzos, sus logros, sus afectos y... su vida. Convirtió a sus hijos en su razón de ser.

Además, inconscientemente, decidió vengarse de Genaro *por no haberla hecho feliz*. Para Adriana, su felicidad dependía exclusivamente de Genaro y el hecho de que él hubiera decidido terminar con su matrimonio era algo por lo que debía pagar. Ella, siendo una persona tradicional y religiosa, acusó a Genaro por no haber cumplido las promesas que le hiciera ante el altar y se negó a trabajar. "Soy la madre de tus hijos —le dijo—. Desde que nos casamos me dijiste que no querías que yo trabajara para que tus hijos estuvieran bien atendidos. Recuerda que eres tú quien has decidido terminar con nuestro compromiso, así que, si tú te niegas a darme lo que por derecho me corresponde, puedes olvidarte de tus hijos."

Genaro no puso muchas objeciones a lo pedido: afortunadamente tenía un buen empleo y además, prefería que fuera Adriana, y no un tercero, quien se hiciera cargo de la educación de sus pequeños.

A partir de ese momento y durante los años que siguieron, Adriana se enfocó exclusivamente en la crianza de sus hijos y nunca cortó el vínculo que la unía a Genaro: si bien ya no era su pareja, seguía siendo él quien la llevaba al doctor, quien mandaba a arreglar el coche, quien componía los electrodomésticos, quien estaba pendiente de los pagos de luz y teléfono y también era él a quien Adriana recurría cuando tenía cualquier problema, ya fuera con su madre, con una amiga, con sus hijos o con la sirvienta. Aunque había dos firmas estampadas en el convenio de divorcio, Adriana y Genaro se habían divorciado para seguir vinculados "hasta que la muerte los separe".

La historia de Adriana puede contemplarse desde dos puntos de vista: para algunas personas, especialmente para aquellas divorciadas que tienen que sortear el trabajo con sus responsabilidades como madres y amas de casa, la suerte de esta mujer resulta envidiable: ¡Adriana no tiene que trabajar y tiene la suerte de poder estar todo el tiempo con sus hijos! Sin embargo, la contraparte de esta historia no es tan agradable. Adriana, al *optar* por seguir dependiendo de su exmarido, le ha cedido el control de su vida. Y no conforme con eso, les ha concedido a sus hijos la enorme responsabilidad de acompañarla (incluso a las bodas), de procurarla emocionalmente (haciéndola feliz con sus logros, sus triunfos y su buen comportamiento) y de convertirse, especialmente el varón, en un sustituto de su esposo ido ("ahora tú eres el hombre de la casa, Mauricio", es algo que Adriana le dice a su pequeño hijo con cierta regularidad. "Espero que tú no me dejes como tu padre me dejó.")

¿Es eso suerte? No. Es más bien una dependencia excesiva, que, como la culpa, impide que la persona se responsabilice de su propia vida y que ceda la responsabilidad de sus decisiones, sus logros, sus fracasos, sus alegrías y sus tristezas a terceros.

La dependencia no siempre resulta tan clara como en el caso de Adriana. A menudo la dependencia se presenta "disfrazada" de otras cosas y es difícil reconocerla. La dependencia se origina por una vinculación malsana y puede esconderse tras la sobreidentificación con los hijos, tras los pleitos eternos con el excónyuge o tras la dependencia económica absoluta.

A continuación veremos los tres casos:

La sobreidentificación con los hijos

La sobreidentificación con los hijos es uno de los disfraces de la dependencia y se presenta cuando una persona vive en función y a través de sus hijos.

Se trata de personas que hacen de los logros de sus hijos sus logros, y renuncian a una vida propia para vivir a través de lo que hagan los hijos. Estos individuos olvidan que sus hijos son seres independientes con una personalidad propia y se valoran a sí mismos con relación a lo que sus hijos hagan o dejen de hacer.

Los padres sobreidentificados con sus hijos ponen sus sueños, expectativas, logros y fracasos en sus hijos y los obligan a jugar el papel de "niños modelo". Es como si estos padres dijeran: "¡Mira qué hijos he criado! Mis hijos compensan todos mis fracasos personales."

Estos padres no se conciben a sí mismos sin sus hijos. Pues han decidido vivir a través de sus hijos la vida que quisieron para sí mismos y no pudieron vivir. La mamá que quiso ser Miss México y que ahora obliga a su hija de seis años a entrar en todos los concursos de belleza o en los *castings* para anuncios publicitarios; o el papá que quiso ser beisbolista y ahora lleva a su hijo a entrenar aunque no quiera, son ejemplos muy claros de lo anterior.

Sin embargo, la sobreidentificación no siempre tiene que ver con el deseo del padre de que sus hijos realicen una cierta actividad. La sobreidentificación también se presenta con cosas tan simples como las calificaciones o el buen comportamiento. En estos casos, el padre o la madre mide sus logros o fracasos *personales* basándose en los logros o fracasos de su hijo.

Pongamos por ejemplo a una mujer obsesionada con las calificaciones de su hijo. Para ella, las calificaciones de su hijo son la prueba contundente de su desempeño como madre. Entonces si el niño se saca ocho en un examen, esa mujer vive el ocho no como una calificación de las habilidades matemáticas de su hijo, sino como una calificación que le dan a ella como madre. Si el niño reprueba, ella está reprobada como madre. Y si la llaman de la escuela, lo vive como si le estuvieran diciendo que es mala madre.

La sobreidentificación se da tanto en los padres divorciados como en los no divorciados, sin embargo, cuando hay un divorcio de por medio, todos los fracasos, las malas calificaciones o las expectativas no cumplidas encuentran el pretexto ideal en el divorcio. "Iba tan bien hasta que nos divorciamos..." Y aunque es común que los niños bajen de notas tras un divorcio, la diferencia radica en que los padres sobreidentificados no toman las malas calificaciones como un síntoma de las dificultades que el niño tiene para adaptarse al proceso de divorcio —¡o incluso para entender las matemáticas!—, sino como una prueba de su fracaso como padres. Hacen de las malas notas un *problema personal* y en vez de hablar con los profesores para ver cómo pueden ayudar a su hijo, se culpan por la mala calificación y buscan qué están haciendo mal como padres. (Las calificaciones escolares sólo miden el desempeño académico del niño. Además se ha comprobado que el desempeño académico no resulta significativo para medir el desempeño que un niño tendrá en su vida adulta. Hay estudiantes magníficos que se convierten en adultos frustrados y estudiantes mediocres que tienen éxito no sólo en su vida personal sino también en la profesional.)

Al hablar de sobreidentificación es importante señalar que hay una diferencia entre preocuparse por los hijos y sus problemas y que éstos se conviertan en la regla que mide a los padres como individuos. Cuando los hijos tienen un problema grave cualquier padre siente que literalmente el mundo se le viene encima: se entristece, se angustia, se pregunta si está haciendo algo mal y cómo puede ayudar a sus hijos. Sin embargo, en el caso de los padres sobreidentificados, los problemas del hijo dejan de ser del hijo para convertirse en un problema *personal* de los padres, es decir, en algo que los afecta no por el amor que les tienen a sus hijos, sino porque *directamente* daña su amor propio.

Pongamos por ejemplo una situación que la mayoría de los padres han experimentado, con sus variables, en alguna ocasión. Supongamos que ha llegado la primavera, y con ella el festival escolar. Los padres se arremolinan en la entrada del colegio, cámara en mano, para ver a sus pequeños. Empieza la función. Los niños van desfilando disfrazados de manzanas y luego aparecen las niñas, disfrazadas de mariposas. Los niños, los disfraces, la música y el escenario son hermosos. Los padres, sentados en las butacas, no caben de felicidad. De pronto, dos de las lindas mariposas se echan a llorar y se rehúsan a continuar con la puesta en escena. La profesora se les acerca, trata de consolarlas, intenta incorporarlas al desfile y fracasa: el llanto de ambas niñas se convierte en un berrinche.

Ahora veamos qué sucede en las butacas. Las mamás de ambas mariposas chillonas se angustian. "¿Por qué?", se preguntan, "¿por qué *mi hija*?" Sin embargo, después de la reacción inicial, surge una diferencia muy significativa en ambas madres. Una de ellas, aunque hubiera preferido que su hija hiciera bien las cosas y no se pusiera a llorar, se resigna.

Ni modo —piensa—. Mi nena no es muy buena actuando en público. Supongo que se parece a mí. Siempre odié los festivales escolares. En fin, quizá el próximo año lo haga mejor. Ahora que lo pienso, quizá sería conveniente meterla al taller de teatro para que se vaya acostumbrando a actuar en público. Mañana, cuando se haya calmado, le preguntaré si le parece una buena idea.

A unos cuantos asientos, se encuentra la madre de la otra niña. Esta señora, comienza a ponerse roja de vergüenza. "Trágame tierra —piensa—. Ojalá no sepan que la que está llorando es mi hija. Ya sé, voy a tomar una foto para disimular." La toma y con un gesto que deja muy en claro su ira, sigue pensando:

Esta niña... ¿Qué no se da cuenta que me está haciendo quedar mal? Con este papelote seguramente van a pensar que soy una pésima madre. ¡Qué va!, de seguro lo soy. Mira que ni siquiera lograr que tu hija haga bien las cosas en un estúpido festival de primavera... ¡Me lleva! Pero ahora que lleguemos a la casa, me va a oír. Por haberse portado así, la voy a sacar de la clase de natación que tanto le gusta.

(Cosa que, por supuesto, no guarda ninguna relación con la falta y que sólo cumple el objetivo de que la niña se sienta tan mal como la madre se está sintiendo.)

Luego, cuando el festival termina, las diferencia se acentúa aún más. La primera madre abraza a su hija. "¿Lo hice bien, mami?", le pregunta la niña. "No, la verdad no. Pero, ¿qué te pasó, mi amor?" "Me dio miedo —dice la niña—. Bueno, no importa. Ya veremos qué hacemos para que la próxima vez puedas hacerlo bien. Ahora límpiate esas lágrimas para que te tome una foto con tu maestra y con tus compañeros." La segunda madre está sobreidentificada con su hija y asume que el fracaso de ésta es un fracaso personal, así que cuando la niña se le acerca, casi sin voltearla a ver le dice: "No puedo creer que *me* hayas hecho quedar tan mal. ¡Lo único que tenías que hacer era caminar como los demás niños! Pero no, tenías que salirte con la tuya. ¿Sabes lo que se siente que tu hija se la pase llorando en el festival?" La niña, por supuesto, vuelve a llorar, no solamente ha hecho mal las cosas en el festival, le ha fallado a su madre y eso la hace sentir muy mal. "Ya no llores", la interpela la madre desesperada, en realidad lo que le preocupa no es lo que su hija esté sintiendo, sino lo que los demás estén pensando *de ella* como madre. Dado que la "mariposita" no para de llorar, esta madre la toma de la mano y con berrinche y todo, se sale de la escuela lo más rápido que puede. (Años después, en el álbum fotográfico de ambas niñas —y en sus recuerdos— habrá una reseña muy diferente de ese día idéntico: la primera niña tendrá una foto sonriendo con sus amigos y su maestra, y la segunda una foto en la que está llorando en el escenario de la escuela. Y si tienen buena memoria, la primera niña recordará que su mamá le ayudó buscar una solución para superar el pánico escénico; la segunda recordará que su pánico escénico hizo sentir y quedar muy mal *a su mamá*.)

Los padres sobreidentificados con sus hijos no buscan medios para solucionar los problemas de sus hijos ni hacen contacto con sus emociones, pues asumen dichos problemas y dichas emociones como propios. Es como si vieran a sus hijos como ramificaciones de sí mismos o como títeres sin ninguna voluntad. Estos papás no entienden que a veces los problemas de sus hijos no están en sus manos, que los hijos necesitan enfrentarse a los problemas para crecer y, sobre todo, que los hijos no fueron creados para satisfacer a los padres.

Si después del ejemplo anterior consideras que te estás sobreidentificando con tus hijos, hay muchas cosas que puedes hacer. Pero antes de hablar de ellas, te voy a pedir un favor. Recuerda uno de los peores errores que hayas cometido. ¿Ya? Ahora dime, ¿fue por culpa de tus padres? Seguramente no.

Así que, si realmente quieres ayudar a tus hijos, lo primero que debes hacer es entender que ellos *no son prolongaciones de tu persona*. Si tu quisiste ser bailarina o médico y no lo eres, mala tarde. No les toca a tus hijos cumplir tus sueños, expectativas o logros, ni hacerte sentir bien (o mal) como individuo. A ellos les toca desarrollarse *como individuos independientes* a partir de su personalidad, sus errores, sus aciertos y sus méritos, claro, con tu ayuda, pero no haciendo de su vida la vida que tú sueñas. No es justo ni para ellos ni para ti.

El perfeccionismo y el hecho de darle mucha importancia a lo que opinen los demás, son otros factores que inciden en la sobreidentificación con los hijos. Cuando una persona es perfeccionista o le preocupa lo que los demás digan *de ella*, no puede permitir que sus hijos sean algo menos que perfectos y los somete a una demanda enorme. Además, un niño que vive constantemente tratando de agradar a sus padres, no hace las cosas por una motivación interior ("Voy a estudiar matemáticas porque me interesan y porque quiero ser científico"), sino que las hace por una motivación externa ("Voy a estudiar matemáticas para que mis papás se sientan bien"), de tal manera que cuando crece, no sabe discernir qué le conviene y ni siquiera qué quiere. A estos niños les resulta muy difícil actuar responsablemente porque sus decisiones y sus acciones han estado (y están) dirigidas por la necesidad de agradar a los demás y dios te salve de que quieran agradar a un narcotraficante, ¡porque lo harán!

Aunque en esta sociedad nos educan para sentirnos culpables y responsables por todo lo que les pasa a nuestros hijos, es importante que entiendas que el éxito o el fracaso de tus hijos no depende sólo de ti. Y sobre todo, que evites que tu mundo gire exclusivamente en torno a tus hijos, haciéndote responsable de tu vida y de tu porvenir. También es importante que hagas un esfuerzo por restarle importancia a las opiniones ajenas (de todas maneras la mayoría de las personas están tan ocupadas en sí mismas que no reparan en lo que hacen o dejan de hacer los demás) y que asumas tu perfeccionismo, tus errores, tus fracasos y tus defectos, como propios. Para conseguir lo anterior resulta de gran ayuda evitar hablar en tercera persona cuando te refieras a tus hijos. "*Nos* sacamos muchos dulces en la piñata", "*nos* sacamos diez en el examen", o "*nos* aceptaron en el equipo de boliche" son frases que a menudo los padres utilizan para referirse a las actividades que realizaron *sus* hijos.

Es demasiada responsabilidad para un niño hacerse cargo de la vida, las expectativas, los éxitos y los fracasos de sus padres.

Los pleitos eternos

Uno pensaría que las parejas se divorcian para vivir mejor y para acabar con los pleitos. Sin embargo, son muchas las parejas que, después de divorciarse, siguen vinculadas a través del pleito. Del pleito por dinero, del pleito por los hijos, del pleito por la familia política, del pleito por la casa y hasta por el perro. Por insólito que parezca, éste es otro de los disfraces de la dependencia.

La vinculación a través del pleito es una manera de estar pensando y recordando a la otra persona, aunque sea negativamente. Y se presenta en personas que no han conseguido separarse emocionalmente y que siguen teniendo cuentas pendientes. Es decir, se pasan la vida entera peleando, vinculados, resentidos y responsabilizando al otro de su infelicidad presente, aunque hayan pasado 20 años desde que se divorciaron.

Los pleitos eternos se dan con mayor frecuencia cuando la persona al separarse o divorciarse no logra reconstruir su vida de manera independiente. Cuando alguien reconstruye su vida con otra pareja, mediante el trabajo o a través de sus intereses personales, quien menos le importa y en quien menos piensa es en el excónyuge. Pero cuando esto no se consigue, es común hacer del excónyuge un chivo expiatorio, culpándolo y responsabilizándolo del fracaso personal y haciéndolo depositario de la ira, la frustración y la decepción.

Las personas que no consiguen dejar atrás el resentimiento, los corajes, la sensación de "me debes" y el deseo de venganza, pierden todas sus energías en pelear y se olvidan de crecer. Según la doctora Hetherington, seis años después del divorcio, de 20 a 25 por ciento de las parejas seguían presentando este tipo de comportamiento. Estas personas "se sienten culpables de pelear frente a los niños, pero sus preocupaciones respecto a su ira y sus resentimientos crónicos les dificultan enfocarse en una vida nueva y más satisfactoria, y en el daño que les están haciendo a sus hijos". [4] Para los niños, una situación así resulta terrible. Es como si la película del divorcio de sus padres fuera pasada ante sus ojos una

---

[4] *Ibid.*, p. 138.

y otra vez. Además, los niños por lo general tienen la fantasía de que pueden intervenir e incluso evitar los pleitos paternos y al no conseguirlo, se culpan a sí mismos.

La desvinculación sólo puede lograrse cuando entiendes que las pérdidas son parte inherente del proceso de separación. Y cuando renuncias a la fantasía de que tu excónyuge algún día va a terminar de pagarte todo el daño que te hizo. Sólo cuando finalmente aceptes que todo eso que tú deseaste, soñaste y planeaste al lado de tu excónyuge no va a cumplirse y te perdones a ti mismo por no haber podido convertir en realidad tus sueños y por no haber podido vivir lo que deseabas, podrás dejar atrás los pleitos destructivos y podrás continuar con tu vida responsablemente, haciéndote cargo de ti, de tus hijos y de tu porvenir.

La dependencia económica absoluta

Una de las cosas más difíciles de lograr tras un divorcio es la *separación financiera.* Dos personas que están casadas comparten la comida, el techo, los gastos, el coche, las cuentas bancarias y, a veces, la propiedad de los bienes raíces. De tal manera que, cuando se divorcian, hasta las personas más civilizadas tienen discusiones respecto al dinero, pues generalmente lo que es justo para una, resultará excesivo o insuficiente para la otra.

Como ya dije en el capítulo uno: éste no es un libro de economía o de finanzas y, por lo mismo, no me toca a mí decirte cuál es la manera justa de dividir las propiedades ni cuál es la cantidad justa para una pensión alimenticia. De lo que sí me toca hablar, es de los aspectos emocionales que generalmente se ocultan tras el dinero y del control que puede ejercerse a través del mismo.

¿Qué es el dinero? El dinero no es solamente una serie de papelitos impresos o monedas acuñadas. El dinero es un símbolo. Y también es un medio maravilloso para materializar emociones.

Dependiendo de la educación y los antecedentes de cada persona, el dinero puede simbolizar muchas cosas: poder, autoestima, afecto, control, dominio, etcétera. También se convierte en el medio ideal para materializar emociones como el apego, el afecto, el amor, pero también la culpa, la ira, el resentimiento, la frustración y la venganza.

Idealmente el dinero no debería estar cargado de emociones, sino que debería ser el precio que se paga por un bien o un servicio. Si ese fuera el caso, las parejas comprenderían que la pensión alimenticia es el precio que se paga por el sustento de los niños y por el tiempo que la persona que tiene la custodia les dedica. Sin embargo, por lo general cuando es el hombre quien recibe la custodia, no recibe pensión alimenticia por parte de la madre.

Y también, por lo general, cuando se trata de la pensión alimenticia suceden dos cosas. El padre que elabora el cheque considera que es injusto también pagarle a su exesposa, piensa que el dinero está siendo gastado frívolamente. Por su parte, la madre que recibe el dinero considera que no está recibiendo lo suficiente y que el exesposo está siendo injusto. En algunos casos ciertamente se presenta una injusticia: la madre recibe muy poco o nada, o el exmarido tiene que dar dinero de más. Pero incluso en los casos en los que la pensión alimenticia es adecuada, se generan sentimientos beligerantes tras el dinero. ¿Por qué?

Porque las parejas utilizan el dinero para materializar emociones no resueltas. Es más fácil pelearse por dinero que decir: "Me voy a pelear contigo porque te tengo envidia, porque te odio, porque me las vas a pagar, porque siento culpa de haberte dejado, porque me fallaste como persona, porque todavía tengo la ilusión de que regreses o porque siento que el dinero es tu manera de expresar amor."

Todos materializamos ciertas emociones a través del dinero. El dinero puede hacernos sentir bien con nosotros mismos, con dinero compramos el regalo de la persona amada, el dinero nos permite estudiar e ir de vacaciones, incluso castigar a los demás ("Ahora no te doy domingo.") Todo esto es normal. El problema viene cuando el dinero se transforma en una dependencia emocional; es decir, cuando los problemas de dinero que tienes con tu expareja no tienen que ver con el dinero en sí, sino con una necesidad de seguir vinculado con ella, y no sólo económicamente.

El caso de Adriana que citamos anteriormente es un claro ejemplo de esto. Adriana se había negado a trabajar no por una convicción personal, sino porque esa era su manera de seguir sintiéndose amada y protegida por Genaro, y porque también, el hecho de mostrarse como una incapacitada, generaba en Genaro tal culpa, que lo obligaba a pagar —con dinero— los daños emocionales que le había causado y que supuestamente le seguía causando.

Por lo general, una dependencia económica excesiva va acompañada, por un lado, de mucha culpa y, por el otro, de un deseo de cobrarle al excónyuge las expectativas no cumplidas. En este sentido, el dinero se convierte en la moneda que paga las culpas y con la que se cobran los asuntos pendientes, incluso el amor. Se convierte en un método de control y coerción. Por una parte, el que da controla la vida y las decisiones de quien lo recibe, y, por el otro, quien lo recibe, controla al otro haciendo exigencias que nada tienen que ver con lo económico y usando a los hijos como monedas de cambio.

Desde mi punto de vista, ninguna persona puede ser verdaderamente independiente si depende económicamente de alguien más.

Con esto no quiero decir que se deba renunciar a la pensión alimenticia, pues ésa es la manera en que, como dije antes, el padre no residente paga por el sustento de los niños y por el tiempo de la persona que los cuida. Sin embargo, cuando una persona decide seguir dependiendo económicamente de manera exclusiva de su excónyuge, le está cediendo el control de su futuro. Es como si inconscientemente le estuviera diciendo: "Necesito que me cuides, que veas por mis intereses, porque yo no puedo salir adelante por mis propios medios." Esta dependencia, contrario a lo que pueda pensarse, resulta demoledora por dos factores: 1) Aunque las madres que trabajan a menudo tienen más preocupaciones, pues tienen que hacerse cargo del cuidado de los niños y hacer malabares entre sus responsabilidades laborales y las tareas domésticas, también cuentan con dos cosas que las madres que se quedan en casa a menudo no tienen: compañía de adultos y autoestima, y por lo general les va mejor psicológicamente. Tras un divorcio, las mujeres que trabajan se sienten considerablemente menos deprimidas y aisladas que las madres que se quedan en casa.

Además, se ha comprobado que "el trabajo afirma a las mujeres tanto como a los hombres. Y que las mujeres que se desempeñaron mejor en su vida posdivorcio, a menudo entraron a dicha vida por una puerta llamada "trabajo".[5] 2) Porque al permitir que sea tu excónyuge el único responsable de tu sustento —además de convertirte en punto focal de su ira, según los estudios de Hetherington— estás arriesgando tanto tu bienestar como el de tus hijos: nadie tiene la vida comprada y tampoco nadie puede asegurar que siempre tendrá trabajo. Y por otro lado, un porcentaje altísimo de los

---

[5] *Ibid.*,p. 51 y 93.

excónyuges interrumpe abruptamente la pensión alimenticia una vez que los hijos alcanzan la mayoría de edad (momento en el que te será mucho más difícil conseguir un empleo que te permita ganarte la vida, y en el peor de los casos terminarás *dependiendo* de tus hijos).

Con todo esto no estoy sugiriendo que los excónyuges deban erradicar cualquier dependencia económica que tengan. No. Cada uno de ellos deberá aportar su parte en lo que corresponde a los hijos, y en ese sentido, lo más probable será que uno dé dinero para compensar el tiempo que da el otro. Esto se llama interdependencia y es lo mejor que puede suceder.

El problema del dinero y el divorcio, no tiene que ver con pesos y centavos y ni siquiera con la dependencia económica en sí. El problema se da cuando el dinero se convierte en un medio para seguir vinculado con una persona y para seguir controlándola a través de la culpa, el resentimiento, la desilusión, la rabia o el amor. El problema radica en seguir pensando que al depender económicamente de una persona, ésta deberá hacerse responsable de tu vida. O en creer que solventar las necesidades económicas de otra persona, significa también, responsabilizarte de su vida.

El ejemplo del río

Hace algunos años fui a remar a los rápidos. La mañana estaba despejada cuando nos subimos al bote; no obstante, había llovido mucho y el río estaba crecido.

En un inicio, remar no supuso mayor esfuerzo, pero pasada media hora, llegamos a una zona del río repleta de piedras y la corriente se tornó violenta. Debo aceptar que sentí miedo, nunca antes había navegado los rápidos y a pesar de mi chaleco salvavidas y de las indicaciones del guía, sentía que en cualquier momento nos estrellaríamos contra una roca.

—¡Remen lo más fuerte que puedan!— nos gritó el guía.

Lo hicimos, el agua nos salpicaba y me dolían las manos. Después de algunos minutos y para mi sorpresa, el guía nos dijo:

—Ahora dejen de remar, ¡y agárrense!

Y así, como si nada, la corriente hizo virar nuestra pequeña balsa y nos sacó de aquella zona rocosa. El recorrido duró poco más de una hora y resultó bastante divertido. Cuando finalmente llegamos al campamento, me acerqué al guía y le pregunté.

—¿Qué pasa si no remas para nada?

—Es curioso— me respondió—. Pero si nunca remas, el río se encarga de llevarte por las peores zonas. Y lo más probable es que termines estampado en una roca.

Lo mismo sucede con la dependencia. Cuando alguien le cede el control de su vida a otro, ya sea obligando a los hijos a cumplir con sus expectativas personales o haciendo de cada encuentro con su excónyuge un pretexto para pelear y cobrarle lo que cree que le debe, o no buscando actividades personales y alguna manera de obtener un ingreso, por mínimo que sea, permite que sea el otro (el río) quien decida su porvenir.

No toda la gente desea ser independiente, lo sé. Pero si tú has optado por depender, por lo menos responsabilízate de tu *decisión* y no pretendas cobrarle al otro si, al final de tu vida, no te gusta lo que has logrado. Depender es cómodo, sin duda. Pero el precio que se paga por ello es alto. Sólo tienes una vida, y es mejor que el resultado de ésta (bueno o malo) dependa de ti y no de los logros o fracasos de tus hijos o de tu excónyuge (si ya no está contigo, ¿crees realmente que puede hacerse cargo de tu vida?).

En el siguiente capítulo encontrarás sugerencias que te ayudarán a lograr una vida plena, satisfactoria y *personal.*

Usar a los hijos de mensajeros

Todos los niños en algún momento hacen el papel de mensajeros. Esto no es grave en sí; de hecho hace al niño sentirse importante y responsabilizarse de pequeñas cosas. El problema se presenta cuando el niño se convierte en el medio que los padres usan para comunicarse o cuando es emisario de asuntos que tienen un trasfondo emocional y que por su edad o por su papel de hijo no le corresponden.

Un hijo se convierte en mensajero de sus padres cuando es él quien tiene que resolver, pedir o decir las cosas que les corresponden a los padres. Estos niños terminan convirtiéndose en el portavoz de sus padres para asuntos como son la pensión alimenticia, los acuerdos cotidianos, las citas, los problemas, incluso la maledicencia. Desde el punto de vista del niño, esta situación es experimentada como una completa y total desprotección, porque, además de que sus papás no pueden cumplir con las tareas que les corresponden como padres, los mensajes por lo general van acompañados de comentarios negativos y de una descalificación del otro como persona.

No es lo mismo decirle a un hijo: "Dile a tu papá que no se le olvide que tienes cita con el dentista", a decirle "más te vale que le recuerdes a tu papá que tiene que llevarte al dentista, porque es tan irresponsable, que si tú no se lo pides, no lo va a hacer". Aunque lo ideal sería que el niño no tuviera que decir nada respecto a su cita con el dentista, en el primer caso el mensaje es neutro, mientras que en el segundo tiene una carga emotiva desagradable que hace sentir al niño que no es suficientemente importante como para que sus papás se ocupen de sus cosas sin que él las tenga que pedir.

El problema con mandar a los hijos de mensajeros, no es en realidad que sean mensajeros, sino la carga emocional de los mensajes. Además, con esta actitud, los padres están transmitiéndoles a sus hijos que no pueden comunicarse y están modelando en ellos malos patrones de comunicación.

Convertir a los niños en emisarios de lo que sus padres no pueden comunicar o resolver, es como mandarlos a la guerra. Los niños se sienten desprotegidos, asustados, confundidos y además se exponen a recibir un rechazo que ni siquiera es para ellos. Por lo general una persona pide por fastidiar, la otra no da por fastidiar, pero el único fastidiado es el hijo, pues siente que les ha fallado a sus padres.

Por todo lo anterior, es fundamental que los papás entiendan que, sin importar de qué tamaño sean los problemas que tengan, *nunca deben usar a sus hijos de mensajeros.* Existen muchas cosas que no están incluidas en un acuerdo legal y que los padres, les guste o no, forzosamente tendrán que negociar. Así que mi recomendación sería que aprendieran a hacerlo, pues de todas formas lo van a hacer toda la vida. Pero si de plano no se pueden comunicar, por lo menos busquen que la tercera persona no sea el hijo. Quizá pueda ser una secretaria, el abogado o un familiar.

También es recomendable que de antemano busquen alternativas para evitar los pequeños roces, como por ejemplo, abrir una cuenta para pagar los servicios médicos o pedirle a las autoridades escolares que le informen a ambos padres sobre todas las actividades que se lleven a cabo.

Cómo evitar una pelea

Prepara la conversación. Pregúntale a tu expareja qué momento le resulta conveniente. Evita llamarla por teléfono mientras está en una junta o cuando tus hijos estén cerca. Piensa qué asunto quieres tratar y apégate a él. No uses insultos ni lenguaje cargado emocionalmente. Si tu ex pierde los estribos, no respondas y anota los puntos que faltaron por resolver.

Obtén lo que buscas. Si fuiste a hablar con tu ex, lo que realmente quieres es su participación para resolver determinado problema. No permitas que nada te distraiga de esa meta. Incluso si piensas que tu ex te debe una disculpa, o debe prometerte que nunca más se comportará así, no sientas que fracasaste si es que no lo obtienes. Recuerda: tu misión es resolver el problema.

Habla con la cabeza, no con el corazón. Reconoce ante ti mismo que hay más asuntos involucrados en el problema que el mero hecho de cómo éste afecta a tus hijos. Sí, el atraso en la pensión alimenticia le causa dificultades a tu pequeño y te hace sentir, una vez más, que no vales nada ante los ojos de tu ex. Aunque no puedas negar tus sentimientos personales, haz tu mayor esfuerzo para dejarlos fuera de la discusión.

Declara el problema, no critiques. Hay una enorme diferencia entre decir: "La maestra de Juanito llamó para decir que no está cumpliendo con sus tareas", y: "tú ni siquiera te tomas la molestia de revisar las tareas de Juanito y ahora eso lo está afectando en su desempeño escolar". No acuses al otro diciéndole "Tú..." Mejor comienza diciendo: "*Tenemos* un problema." Evita cualquier frase que incluya las palabras "siempre", "nunca" y "jamás", pues de hacerlo, estarás invitando al otro a que trate de probar lo contrario y la discusión se alargará innecesariamente. Deja el pasado fuera; no cedas ante la tentación de decir algo como: "Ni siquiera cuando estábamos casados te preocupabas por las tareas del niño."

Sé directo, diplomático y honesto; reconoce la incomodidad de tu ex. "A ninguno de los dos nos gusta esto, por favor escúchame sin pelear. Necesito que me des la pensión alimenticia a tiempo. ¿Puedes por favor hacerlo? Dejemos nuestras diferencias de lado y manejemos esto calmadamente, por el bien de los niños."

Inclúyete en el problema, aunque no sea cierto. Quizá esto te resulte difícil de tragar y quizá existan muchas razones por las que no quieras hacerlo. Sin embargo, existen razones mucho mejores para hacerlo. Primero, cuando tu asumes como propio un problema que no es tuyo, te pones del mismo lado que tu expareja y conviertes el problema en el enemigo común, en vez de convertir a tu ex en tu enemigo. Segundo, esto evita que ustedes se pongan a discutir sobre quién está bien y quién está mal, quién tiene razón y quién no. Muy pocas personas podrían objetar algo ante una frase como: "Necesitamos ser más vigilantes sobre el problema de las tareas de Juanito. Sólo quería que lo supieras. Aquí está el número de teléfono de su maestra por si quieres llamarle."

Reconoce que puedes no tener razón, aunque creas que la tienes. "Quiero mencionarte algo sin discutir. Me preocupa que Pepe se esté acostando demasiado tarde cuando va a tu casa, ya que los lunes parece muy cansado y a menudo me dice que no se siente bien. A él no le he dicho ni una palabra de esto, porque a lo mejor la hora de acostarse no tiene nada que ver. ¿Qué te parece si la próxima semana tratas de acostarlo un poco más temprano y vemos qué pasa?"

Elogia los esfuerzos de tu ex siempre que puedas. Los comentarios: "Los niños se divirtieron muchísimo cuando se fueron de vacaciones contigo", o "María quiere mucho a tu novia", transmiten el mensaje de que respetas a tu ex y aprecias sus esfuerzos. Además le dan cierto equilibrio a tus conversaciones y abren los canales de comunicación, pues le aseguran al otro que no todo lo que dices es una crítica o algo negativo.

Pórtate sensible con tu ex. No te limites a hablar; también prepárate para escuchar.[6]

---

[6] M. Gary Neuman, "How to Avoid a Fight"en, *Helping Your Kids Cope with Divorce The Sandcastles Way,* Random House, Nueva York, 1998, p. 213

Las contradicciones disciplinarias entre los padres

Ni siquiera las parejas felizmente casadas tienen estilos disciplinarios idénticos. De hecho, hasta en los matrimonios mejor avenidos existen discrepancias en la manera de educar. Es prácticamente imposible que dos personas —casadas o divorciadas— empleen el mismo método para disciplinar a sus hijos.

Si bien existen estilos disciplinarios que dan mejores resultados que otros, el hecho de que los niños sean disciplinados con métodos distintos no genera ningún problema, *siempre y cuando los padres no contradigan la autoridad del otro.*

Cuando entre los padres hay incongruencias e inconsistencias producto de su incapacidad para comunicarse y funcionar como disciplinarios, los niños aprovechan esa situación para manipular a los padres, incluso para ponerlos en contra. Los hijos tienen la facilidad para meterse entre las grietas de un muro disciplinario y generalmente terminan saliéndose con la suya.

Lo ideal tras el divorcio es que los padres establezcan reglas básicas respecto a la educación de sus hijos, que no contradigan la autoridad del otro y actúen como un frente común ante sus hijos.

Es decir, que respeten los permisos y las decisiones del otro padre, *incluso si no están de acuerdo con ellas.* Para evitar los desacuerdos, lo más recomendable es que cuando surja algún permiso que los padres no habían previsto al establecer las reglas, discutan en privado cuál es la mejor manera de resolverlo y sólo entonces hablen con el hijo. O, si el permiso ya fue dado, que el padre en desacuerdo lo respete y *después* hable con el otro padre para evitar que dicho permiso vuelva a repetirse, o para encontrar una solución que satisfaga a ambos.

Éste es el escenario ideal. Estoy consciente de que para la mayoría de las personas divorciadas —incluso para las parejas casadas— esto resulta muy difícil de cumplir. Generalmente las normas, reglas, permisos y excepciones que resultan aceptables para una persona, resultan aberrantes para otra. Además, con un divorcio los papás se culpan más de los errores de los hijos que en las familias intactas.

¿Qué hacer entonces?

Lo que debes evitar en lo tocante a la disciplina de tus hijos es sobre todo el conflicto. A lo largo de sus muchos años de estudios, la doctora Hetherington descubrió que, tras un divorcio, existían tres maneras de compartir la paternidad: la crianza cooperativa, la crianza conflictiva y la crianza paralela.

La crianza cooperativa es la que vimos anteriormente (la del escenario ideal). Aunque, por la naturaleza misma del divorcio, este tipo de crianza es muy difícil de lograr, la cuarta parte de los padres divorciados que participaron en el estudio lograron establecer "una relación cooperativa en la que hablaban de los problemas de los hijos, coordinaban reglas domésticas y prácticas relacionadas con la crianza y adaptaban sus horarios para satisfacer las necesidades de los niños". Desafortunadamente, este estilo de crianza a veces sólo se alcanza después de una crisis, como puede ser "un accidente o una enfermedad grave, problemas en la escuela o cuando el hijo es detenido por la policía o tiene un intento de suicidio".

Éste es el estilo de crianza que más beneficia a los niños, y nada me gustaría más que, a pesar de las vicisitudes que trae consigo el divorcio, tú y tu expareja pudieran separar su relación personal de la relación que tienen como padres. Pues cuando la madre y el padre se respetan, cooperan, se involucran y participan en la educación de los niños, éstos superan muy bien el divorcio y, en algunos casos, se desarrollan incluso mejor que los hijos de padres casados.

La crianza conflictiva es aquella en la que los papás pelean constantemente respecto a todo, incluyendo los aspectos disciplinarios. Generalmente estas personas discuten ante sus hijos y echan por suelo la autoridad del otro. Una persona en este caso puede decirle a su hijo, incluso frente al otro padre: "Aunque tu papá dijo que no puedes ir, yo sí te doy permiso." Este tipo de crianza está muy relacionado con la guerra de lealtades y con los pleitos eternos. Es común que en el lapso inmediatamente posterior al divorcio las parejas ejerzan su paternidad mediante el conflicto, sin embargo, "seis años después del divorcio, en la mayoría de las familias el conflicto y la ira suelen declinar, y si el padre no residente no se había desvinculado de la vida del niño, quizá habrán logrado un arreglo razonable respecto a la crianza". No obstante, de 20 a 25 por ciento de las parejas seguían criando a sus hijos a través del conflicto. He repetido hasta la saciedad que los niños no deben presenciar las peleas de sus padres pues les causa daños que los marcan de por vida. Así que si no consigues dejar de pelar con tu ex respecto a la manera de disciplinar a tus hijos, es mucho mejor que no le dirijas la palabra. Ahora veremos por qué.

La crianza paralela es la manera más común de criar a los hijos y la más fácil de implementar. Básicamente, 50 por ciento de los padres divorciados que adoptaron este arreglo simplemente se ignoraban el uno al otro. El exesposo no interfería con la manera de educar de la esposa y viceversa, y no hacían ningún esfuerzo por coordinar sus estrategias respecto a la crianza. De hecho, en la mayoría de los arreglos, los excónyuges no se comunicaban para nada ni mandaban mensajes a través de sus hijos.

Ciertamente los niños se desenvuelven mejor con un estilo de crianza cooperativa, sin embargo, uno de los resultados más sorprendentes de este estudio fue descubrir con qué facilidad se adaptaban los niños a las diferencias inherentes que supone la paternidad paralela. Hetherington cita el ejemplo de una niña de diez años que le dijo: "Yo no actúo de la misma manera con mi amiga Samantha que con mi maestra, miss Moore. ¿Por qué tendría que resultarme difícil actuar diferente en la casa de mamá y en la casa de papá?"

A pesar de que la crianza paralela resulta mejor que la crianza conflictiva, también presenta problemas. Al no comunicarse para nada, los padres exponen a sus hijos, pues no pueden vigilarlos debidamente. Por ejemplo, un padre puede pensar que el hijo adolescente está con la madre, mientras el muchachito está con sus amigos en Acapulco, o peor aún, mientras está en el hospital porque tuvo un accidente. A estos padres también les resulta muy difícil seguir el desempeño académico de los niños o hasta someterlos a un tratamiento médico (en el estudio conducido por Hetherington, un niño recibió una sobredosis porque ninguno de sus padres sabía que el otro ya le había dado la medicina).[7]

Así que si en tu futuro no ves una relación sana con tu excónyuge (pero no se vale dejar de hacer el esfuerzo), es mejor que por lo menos dejes de pelear y te mantengas comunicado con tus hijos.

La permisividad excesiva

La permisividad excesiva es el equivalente a consentir y como estilo disciplinario deja mucho que desear. Aunque el consentimiento también se da en las familias intactas, los padres divorciados tienen más posibilidades de adoptar este estilo —¿disciplinario?— creyendo evitarles a sus hijos el dolor inherente al divorcio.

Los padres excesivamente permisivos sienten o creen que les han causado un daño enorme a sus hijos por el hecho de haberse divorciado y tratan de compensarlos. O sencillamente están exhaustos física y emocionalmente que les resulta más fácil "dejar hacer y dejar pasar" que realmente disciplinar; es decir, están tan descontrolados, que sienten que no tienen autoridad de decirles a sus hijos cómo comportarse. No obstante, la permisividad no sólo se da por culpa o por el agotamiento inherente al divorcio; tam-

---

[7] E. Mavis Hetherington y John Kelly, *op. cit.,* pp. 136-140.

bién se da en personas idealistas que consideran que la disciplina convertirá a sus hijos en neuróticos y matará su creatividad.

En general, los padres permisivos son afectuosos y cariñosos, pero les imponen a sus hijos muy pocas reglas, lineamientos o restricciones. Son aquellas personas que les compran demasiadas cosas, les dan demasiados permisos e imponen muy poca disciplina a sus hijos. Es como si sintieran que tienen una deuda con ellos y buscaran pagarla a toda costa. Algunos ejemplos: a la mamá que le dice al niño que no tiene permiso de ir al parque, y después de un berrinche, con tal de que el niño deje de llorar, lo deja ir. El papá que cede ante las peticiones de su hija *siempre*. Si la niña quiere una Barbie, se la compra, si quiere una casa de muñecas, un osito de peluche o una crema de noche que no esta en edad de usar, también se la compra. O la persona que le dice a su hijo: "Te juro que si repruebas una materia, no vas a Disneylandia", pero después, a pesar de que el niño reprobó, lo lleva.

Aunque los padres permisivos también imponen reglas, la regla que con más frecuencia cumplen es la de la excepción. "Sí, ya sé que Marianita no tiene permiso de ver las telenovelas, pero es sólo hoy, ¿qué importa?" "Es la última vez que puedes salir a jugar antes de hacer la tarea." "Está bien, hazlo, pero acuérdate que esa no es la regla." "Ya sabes que si no te terminas la carne, no hay postre." Bueno... ya no llores, cómete tu postre." Recuerdo con mucha claridad el caso de una niña de seis años que estaba llorando en la tienda. "¿Por qué lloras?", pregunté. "Porque mi mamá no quiere comprarme un *Kínder Sorpresa*." "¿Y para qué sigues llorando si ya te dijo que no te lo va a comprar?" "Porque si lloro mucho, mucho rato, me lo va a comprar."

Todos los niños desafían a sus padres, quiebran las reglas y miden hasta dónde pueden llegar. A pesar de ello, cualquier niño se siente mucho más seguro cuando descubre que los límites impuestos por sus padres son inquebrantables. Todos los niños necesitan límites para crecer sanamente. Y aunque es mucho más difícil educar que consentir (es más fácil comprar el *Kínder Sorpresa* que aguantar el berrinche de la hija), los niños *agradecen* cuando sus padres le imponen límites, ya que comprenden que hay una figura de autoridad que está por encima de ellos, una especie de superhéroe del que pueden depender. De hecho, nada enloquece más que la ausencia de límites.

Es común que durante la época inmediatamente posterior al divorcio la mayoría de los padres se tornen más permisivos que antes. Ésta es una tendencia normal que generalmente tiene que ver con los cambios y los ajustes que tienen los padres. El problema grave se presenta cuando la permisividad excesiva se convierte en la manera de "educar" y cuando los padres siguen queriéndoles pagar a sus hijos el daño que supuestamente les hicieron al divorciarse. Lo que estos padres no entienden es que, a la larga, la permisividad les hará más daño a sus hijos que tres o cinco divorcios. La permisividad produce en los niños impulsividad, agresión, menor tolerancia a la frustración y mayores dificultades para controlar sus emociones.

Sin importar si tu permisividad se debe a la culpa, al cansancio físico, al exceso de trabajo, al agotamiento emocional o a tus creencias sobre la disciplina, es fundamental que entiendas que tu papel como padre es darles a tus hijos las herramientas necesarias para enfrentarse a la vida y la mejor manera de brindárselas es poniéndoles límites.

La sobreprotección

Los hijos de padres sobreprotectores son niños que literalmente viven en una jaula de cristal y tienen por celadores a sus padres. "No toques." "No hagas." "No subas." "No trepes." "Ten cuidado." "Te vas a enfermar." "Te vas a caer." "No, porque..." "Si haces eso puedes..." Estas frases a menudo salen de boca de los sobreprotectores.

Con el paso del tiempo, estos niños comienzan a dudar de su capacidad para hacer cualquier cosa, pues sus padres les impiden cometer errores y, cuando inevitablemente los cometen, les impiden enfrentar las consecuencias de sus actos. Cuando el niño de un año comienza a caminar, la madre lo "salva" siempre que va a caer, aunque la caída no resulte peligrosa. Cuando el niño llora, el padre adivina sus problemas y le ofrece un sinfín de soluciones. Cuando la niña se pelea, la madre la defiende. Cuando se rompe la piñata, el padre de este chiquito es el primero que se avienta, es más, les quita los dulces a los demás niños —esto lo he visto. Cuando el muchachito es expulsado de la escuela, la mamá va a hablar con la maestra para que lo perdone. Cuando la jovencita choca el coche, el papá, el chofer y el abogado, van a salvarla. Cuando el joven de 18 años regresa de la escuela, es su anciana madre quien lleva la mochila. La lista es interminable.

Los estudiosos del tema de psicología infantil han llegado a la conclusión de que la sobreprotección es una manera de presionar y agredir al hijo, volviéndolo incapaz de enfrentar la vida. Mediante la sobreprotección, los padres vuelven a sus hijos dependientes de ellos y les impiden vivir. La mayoría de los niños sobreprotegidos establecen vínculos tan estrechos con sus padres, que ni siquiera en la edad adulta consiguen romperlos. No obstante, la otra cara de la moneda también se presenta: los hijos sobreprotegidos generan tanta rabia y tanto resentimiento contra sus padres, que muchas veces se alejan de ellos totalmente. La sobreprotección, además de que los incapacita de una u otra manera, también es un factor de riesgo para que esos chicos más adelante establezcan relaciones destructivas y codependientes.

La sobreprotección se da principalmente porque los padres no soportan ver sufrir a sus hijos, vamos, ni siquiera soportan *la idea* de que puedan sufrir. Y en su afán de protegerlos contra los sufrimientos inherentes a la vida, los incapacitan para vivir y terminan provocándoles mayores sufrimientos en la edad adulta. Al tratar de meter a sus hijos en una jaula de cristal donde nada les pase, los padres se olvidan de darles la llave, es decir, las herramientas que les permitirán salir adelante de los problemas, disyuntivas, vicisitudes y afrentas que se encontrarán en el camino; entonces los hijos quedan atrapados, dependiendo enfermizamente de sus padres. Por supuesto que es mucho más difícil dejar que los hijos tropiecen y enfrenten las consecuencias de sus actos, es difícil ver sufrir a un hijo y verlo llorar, pero si los padres no están allí para permitirles equivocarse y ayudarles a levantarse, ¿entonces quién? Al sobreproteger a un niño le causarás muchos más sufrimientos de los que pretendes evitar. Si tú no dejas que tus hijos se equivoquen ahora, si evitas que tropiecen o si siempre que tienen un problema corres a salvarlos, cuando sean mayores cometerán errores monumentales, pues no los habrás preparado para enfrentar la vida, y además, ya no podrás salvarlos.

La guerra de lealtades

La guerra de lealtades es obligar a los hijos a tomar partido por uno de los padres en contra del otro. Incluye tantas situaciones que difícilmente podría enumerarlas. Las cosas que se dicen en este caso van desde "¿A quién quieres más, a tu mamá o a tu papá?", "¿con quién te la pasas mejor los fines de semana, con tu mamá o con tu papá?", "¿verdad que la nueva amiga de tu papá es una bruja?", "tu padre jamás habría podido traerte a Acapulco porque es un irresponsable", "tu mamá seguramente no te puede ayudar con la tarea porque es una estúpida", hasta confesar las intimidades más horrendas del papá o de la mamá.

Hablar mal del excónyuge, descalificarlo o pedir a los hijos que tomen partido, momentáneamente puede resultar muy gratificante, pues se convierte en válvula de escape de las emociones negativas, pero provoca en los niños un daño irreparable. Un niño que constantemente escucha que sus padres hablan mal el uno del otro o que le piden que opte, además de sentirse tirado por dos fuerzas idénticas —si toma partido por la mamá, pierde la estima del papá y viceversa—, pierde mucha autoestima y seguridad. ¿Qué puede hacer un niño en ese caso? Su reacción más común es dejar de decir lo que realmente piensa y siente, y aprender a decir y hacer lo que cree que sus papás esperan de él. Seguramente no querrás que eso ocurra con tu hijo.

Si a pesar de conocer el daño no puedes controlar lo que dices de tu ex o tu necesidad de convertir a tus hijos en tus cómplices, piensa lo siguiente:

1) Entre peor hables de tu excónyuge, peor estarás hablando de ti mismo y de las elecciones que haces. Si es verdad la teoría

de que nos enganchamos con personas que están a nuestro nivel afectivo y emocional, entonces esa "cosa espantosa" que estás criticando fue, en algún momento de tu vida, tu espejo, de no ser así no te hubieras vinculado con ella. Casarte con esa persona fue una elección que *tú* hiciste. Si ahora consideras que fue el error más grande de tu vida, por lo menos respeta tus malas decisiones y guarda silencio, ya no por tu excónyuge ni por tus hijos, ¡por ti! Sal de la confusión: al hablar mal de la persona que se casó contigo, tu imagen ante los demás desciende mucho más que la del criticado en cuestión. Yo me pregunto, ¿quién es más inteligente, el que se casa con la "bestia peluda" o la bestia peluda que se casa con la persona "perfectamente normal"? Ya sabes la respuesta. Así que, por tu bien, deja de hablar tan mal de ti. No lo mereces.

2) Para muchas personas es un divertimiento que los demás les cuenten sus problemas. Si tú despepitas contra tu ex con la primera persona que se deje, te expones a chismes, malentendidos y a convertirte en una especie de "pago por evento". Si de plano no puedes evitar hablar mal de tu expareja, busca un amigo de tu entera confianza y dile que, por un tiempo, necesitas que se convierta en tu muro de lamentaciones. A algunas personas esto les da excelentes resultados. (Por cierto, cuando tu racha de hablar pestes haya pasado, no te olvides de darle a ese amigo un buen regalo por haber aceptado el papel de basurero.)

3) Cuando los niños escuchan que uno de sus padres habla mal del otro o les pide que opte, ¡generalmente toman partido por el

padre agredido!, pues es al que consideran más débil. Así, si tú eres quien está alentando la guerra de lealtades, no te sorprendas si te sale el tiro por la culata. Por otro lado, si tu expareja se la pasa hablando mal de ti y tú haces oídos sordos a lo que tus hijos te dicen que dijo, tus pequeños terminarán sacando sus propias conclusiones y tú quedarás mejor parado, en tu imagen como padre, que el maledicente.

4) "¿Quién es mejor, mamá o papá?" Es una pregunta que no tiene respuesta y si tú piensas que la tiene, lo más probable es que no seas tú.

La superación del proceso de divorcio se alcanza cuando puedes ver a la otra persona con sus cualidades y sus defectos, y puedes ver todo lo que esa persona puede darle a tus hijos.

Apodos y etiquetas

Cuando pienso en el daño que los apodos y las etiquetas les hacen a los niños, me viene a la mente Olga, una pequeña niña que un día cayó de una barda.

En su colegio, los salones de primero de primaria daban a un hermoso jardín que estaba como cinco metros debajo del balcón. Frente a las puertas de los salones y a lo largo de todo el pasillo había un barandal blanco, con barrotes muy juntos y de más de un metro de alto que impedía que las niñas pudieran asomarse a la barranca. Parecía que el barandal no representaba un peligro: era demasiado alto como para que las pequeñas pudieran escalarlo. Sin embargo, Olga era una niña hábil y mientras su maestra fue a dejar unos reportes a la dirección, decidió subirse. Una vez sobre el barandal, algunas de sus amiguitas la invitaron a bajar, pero Olga se negó a hacerlo.

—Soy un angelito —dijo—. Sé volar.

Y volando, volando, la pequeña Olga se precipitó contra las piedras del jardín. Una vez que la niña fue llevada al médico —afortunadamente sólo se había roto una pierna o una mano, no recuerdo— las maestras, convencidas de que se había tratado de un accidente, fueron a hablar con las demás niñas. ¿Y qué descubrieron? Que durante semanas Olga había tratado de convencer a sus amigas de que ella era un angelito.

—Sí, todos los niños son angelitos —le había respondido otra niña.

—No. Yo soy un angelito de verdad. Me lo ha dicho mi abuela.

Por más que las niñas habían tratado de explicarle que eso de ser un angelito era un apodo, una imagen, una frase hecha, no lograron sacarla de su idea. De hecho, días después del accidente, las madres de varias niñas dijeron que sus hijas les habían dicho:

—Olga cree que es un ángel.

Otras se habían convencido de que Olga era efectivamente un ángel.

Por insólito que resulte, varias de las niñas que la vieron brincar, ¡estaban esperando que volara!

A todos nos afecta lo que los demás digan de nosotros, pero en el caso de los niños, lo que sus padres o sus seres queridos dicen de ellos se transforma en una especie de sello que modela la opinión que tienen respecto a sí mismos.

El uso de apoyos y etiquetas siempre resulta dañino. Incluso cuando los apodos son bienintencionados, como en el caso de Olga, o como en el caso de los niños que crecen con el estigma de ser "tan, tan buenos" que terminan no sabiéndose defender y viviendo su vida para agradar a los demás.

Cualquier etiqueta ("gordo", "tonta", "flojo", "lenta", "despistado", "desordenada", "peleonero", etcétera), además de devastar la autoimagen del niño, por lo general termina provocando precisamente la conducta que critica.

"Un niño que se valora y se ve a sí mismo como útil no tiene necesidad de desarrollar patrones destructivos. No recurre a las drogas ni a la rebeldía. Posee un espíritu de cooperación, sentido de la responsabilidad y actitud positiva respecto de su familia. La relación con sus padres se basa en el respeto y la confianza mutuas".[8] Y, mediante los apodos, los estigmas y las etiquetas, lo que el niño pierde es *precisamente* su noción de valía y su autoestima.

Si bien las etiquetas se dan en cualquier tipo de familia, en las familias divorciadas éstas adquieren visos diferentes: el niño es comparado negativamente con la expareja. "Eres igual de torpe que tu madre." "Tienes los mismos desplantes que tu padre." "Te pareces tanto a la estúpida de tu madre..." "¡No puedo creer que me estés diciendo eso! Era precisamente lo que me decía tu padre." "¿Puedes dejar de hacer esa cara? Cuando la haces me recuerdas a tu madre."

Por lo general, los apodos que reciben los hijos de padres divorciados derivan de la guerra de lealtades y se generan por las mismas razones, con la terrible excepción de que en este caso *el niño se convierte en el depositario de la agresión*. Al comparar a sus hijos negativamente con la expareja, las personas inconscien-

---

[8] Don Dinkmeyer y Gary McKay, *Raising a Responsible Child: Practical Steps in Successful Family Relationships*, Simon & Schuster, Nueva York, 1973, p. 11.

temente piensan que están criticando a su expareja ¡y no se dan cuenta de que están criticando a su hijo *como persona*! Para un niño resulta muy difícil escindirse de sus padres, características de ambos están presentes no sólo en su personalidad, también en su cuerpo, y cuando escucha que uno de ellos lo compara desfavorablemente con el otro, su autoestima literalmente disminuye.

Evidentemente a cualquier persona le molesta ver en sus hijos los defectos de su expareja. Entiendo que en algunos casos esto no sólo es molesto, sino casi aterrador. Entiendo también que la tendencia natural será corregir tal defecto. No obstante, para hacerlo, deberás evitar cualquier comparación con el otro padre y deberás enfocarte en la conducta o la actitud, no en tu hijo como persona. Te doy un ejemplo. Supongamos que un hombre se divorció de una mujer anoréxica y ahora, su hija adolescente está obsesionada con su peso y ha dejado de comer. Decirle a la chica algo como: "¿Conque ya dejaste de comer? Pues sí... ¡Me lo suponía! Eres igualita a tu madre y ahora vas a ponerte igual de anoréxica que ella, igual de enferma." Es un comentario que está atacando a la chica como persona, la está comparando negativamente con su madre; además, le está augurando un triste porvenir. Es obvio que este hombre, al ver que su hija está flaca y ya no come se preocupe e incluso piense que puede desarrollar anorexia. Si este hombre realmente quiere *comunicarse* con su hija y ayudarla a resolver el problema, deberá enfocarse en la conducta y no en su hija como persona, diciéndole: "Noto que casi no comes, mi hija, ¿qué te pasa? ¿Tienes algún problema? Me preocupa tu salud. ¿Has bajado de peso?" Quizá el hombre descubra que su hija cortó con su novio y ha perdido el apetito porque está muy triste, cosa que jamás habría podido descubrir con el primer comentario. (La anorexia es un trastorno alimenticio que requiere tratamiento médico.)

Otra de las variantes que se presenta con frecuencia consiste en delegar en el niño o la niña actividades que anteriormente le correspondían al padre ausente, diciéndoles lo siguiente: "Ahora eres la mujer de la casa" o "ahora sí tú eres lo único que me queda." Pobre niño, pues se ve obligado a suplir las necesidades de la madre. También se da el caso de que uno de los padres compare al hijo negativamente consigo mismo: "eres igual de negado para las matemáticas que yo", o que asuma que las actitudes naturales del niño han sido impuestas o aconsejadas por el otro padre: "De seguro tu madre te dijo que me dijeras esto" cuando el niño expresó algo que genuinamente pensaba o sentía.

Si la guerra de lealtades resulta muy dañina, convertir a los hijos en receptores de la agresión, la ira y la frustración que sientes contra tu excónyuge, resulta aún peor. Así que...

Detente cuando te descubras diciendo...

Tienes un humor de la fregada, igual que tu madre.
Si tú no estuvieras aquí, yo estaría...
Algún día tú me dejarás, igual que tu madre.
Vas a ser mujeriego, igual que tu padre.
Tú papá es un...
¡Lo volvió a hacer!, ¿ya ves? Te he dicho mil veces que no
  se puede confiar en tu madre.
Es que tu papá nos dejó de amar.
Si tu papá te quisiera, estaría más atento a tus pagos.
Si no te gusta lo que te compro, dile a tu papá que lo haga.
  Tú dices que lo hace mejor, ¿no?

> *Si no te gusta dónde vives, dile a tu papá que te lleve a vivir con él.*
>
> *Tú mamá es una idiota (irresponsable, desobligada, fácil, etcétera).*
>
> *¿Y cómo es el pelmazo ese con el que sale tu mamá?*
>
> *¿Qué dice tu papá de mí?*
>
> *Conque se la llevó a Acapulco... ¿Ya ves? Cuando estábamos casados a mí no me sacaba ni a la esquina. Pero tú no vas a ser así, ¿verdad?*
>
> *Ahora eres el hombre (o la mujer) de la casa.*
>
> *Tu papá no sirve para nada.*
>
> *Si no fuera por ti, seguiríamos casados (o no nos hubiéramos casado).*
>
> *Si tu papá llega dos minutos tarde, ya no sales con él.*
>
> *¿Ya ves?, si tu mamá te quisiera, estaría aquí como quedó.*

Sobornos y chantajes

Sobornar significa conseguir que alguien haga o deje de hacer cierta cosa a través de dádivas y regalos. Mientras que el *chantaje* es un procedimiento para conseguir algo de una persona mediante amenazas.[9]

Los padres que sobornan a sus hijos les prometen premios a cambio de la conducta que desean. Por ejemplo, "si te acabas la

---

[9] María Moliner, *Diccionario de uso del español*, Editorial Gredos, Madrid, 1996.

carne, te voy a dar un postre delicioso", "si dejas de llorar, te llevo al parque", o "si eres amable con tu abuela, te compro unos zapatos nuevos".

Los sobornos resultan muy útiles para terminar con una conducta negativa de manera rápida. Sin embargo, cuando un niño se acostumbra a comportarse bien a cambio de una recompensa, suceden tres cosas. 1) El niño cada vez va pidiendo mayores premios, hasta que llega el momento que *nada* puede provocar en él la conducta deseada. 2) El niño aprende a *comportarse mal* para obtener lo que desea. Es decir, si antes sus padres lo controlaban mediante sobornos, ahora es el niño quien controla a sus padres mediante su comportamiento. 3) El niño pierde la facultad de pensar, decidir y evaluar las cosas por sí mismo y termina haciendo las cosas para agradar a los demás o para obtener algo a cambio.

Cualquier sistema de recompensas que tiene por objetivo que los niños hagan lo que sus padres desean resulta perjudicial. Los premios y las recompensas "son tan sólo influencias externas que distraen o evitan que los hijos utilicen el diálogo interno para tomar sus decisiones". Ni siquiera cuando un niño se saca buenas calificaciones o se porta bien deberá ser premiado. Cuando recompensamos a un hijo por sus buenas calificaciones indirectamente le estamos diciendo que lo importante son las notas, no el conocimiento que ha adquirido. "Los niños deberían hacer su mejor esfuerzo en la escuela porque el aprendizaje es vital para su crecimiento y bienestar y porque resulta personalmente gratificante."[10] Por otro lado, cuando un niño se porta bien, en vez de comprarle un regalo, su premio puede ser un comentario como: "¡Ya eres

---

[10] *vid.* Elisa Medhus, *Niños autosuficientes*, Aguilar, México, 2003.

una niña grande! ¿Te das cuenta que hoy no te tuve que recordar que tendieras tu cama? De verdad me ayudaste mucho con eso." O una consecuencia positiva: si María terminó su tarea a tiempo, podrá salir a jugar con sus amigas. Pues eso hará que la niña se sienta bien consigo misma y decida hacer bien las cosas por convicción, no por conveniencia (como en el caso de un regalo).

Los sobornos no sólo se emplean para fomentar en los niños una conducta positiva. Desafortunadamente, algunos padres divorciados usan los sobornos para hacer que los hijos se comporten negativamente con el otro padre. "Si me dices con quién sale tu mamá, te llevo de vacaciones." "Si le haces la vida imposible a la novia de tu papá, te dejo ir a dormir a casa de tu amiga." "Si hoy no vas con tu papá, te llevo a Reino Aventura." Aunque este tipo de soborno pone al hijo ante una difícil disyuntiva, por lo general el premio no basta para conseguir que el niño traicione a uno de sus padres a favor del otro y es entonces cuando el soborno se combina con el chantaje. "Si me dices con quién sale tu mamá, te llevo de vacaciones, pero si no me dices, me estarás demostrando que la prefieres a ella que a mí", o "te voy a dejar de querer", o "te olvidas de tu clase de tenis."

¿Qué es el chantaje? Es una forma de manipulación mediante la cual una persona amenaza a otra, ya sea directa o indirectamente, con algún tipo de castigo si es que no hace lo que le pide. La esencia del chantaje es: si no te comportas como yo quiero que te comportes, vas a sufrir.

Generalmente entendemos por chantaje el hecho de que una persona use alguna información sobre el pasado de otra para arruinar su reputación o le pida dinero a cambio de guardar un secreto. Sin embargo, existe otra forma de chantaje: el emocional. Éste se da entre familiares y personas cercanas. El chantajista emocional conoce las vulnerabilidades, los secretos más íntimos y el valor que la otra persona le da a su relación. Sin importar cuánto amor hay de por medio, cuando el chantajista emocional teme que la otra persona no haga lo que él desea, la amenaza con aquellas cosas que *sabe* que más le duelen para obtener su sumisión.

Si un padre chantajista sabe que su hijo desea amor y aprobación, lo amenazará con no dárselo o con quitárselo, o lo hará sentir que debe ganárselo. Si el hijo se considera generoso y comprensivo, el padre chantajista le dirá "eres un egoísta y un desconsiderado", siempre que el niño no acceda a sus deseos. O si el niño valora el dinero y la seguridad, el padre chantajista le pondrá condiciones para dárselo o lo amenazará con quitárselo. También existe otra manera de chantajear y es asumiendo el papel de víctima. En este caso, la esencia del chantaje es: Si no te comportas como yo quiero, *me vas a hacer sufrir*. Mediante cualquier tipo de chantaje los padres controlan el comportamiento y las decisiones de sus hijos.

Los chantajistas emocionales odian perder y para conseguir lo que desean pasan por encima de la confianza y los sentimientos de sus hijos o de cualquiera. Estas personas dicen cosas como: "No me vas a volver a ver." "Estás destruyendo nuestra familia." "Te voy a desheredar." "Vas a hacer que me enferme." "Te voy a hacer sufrir." "Te vas a arrepentir." "¿Por qué quieres arruinar mi vida?" "Ya no te voy a querer." "Sólo piensas en ti mismo. Nunca piensas en mí." "¿Cómo puedes hacerme esto (después de todo lo que yo he hecho por ti)?" "¿Por qué quieres lastimarme?" "¿Por qué eres tan egoísta, obstinado, necio?"

Un padre o una madre chantajista...

Usa las amenazas para salirse con la suya.

Ignora o desacredita los sentimientos o las necesidades de sus hijos.

Les dice a sus hijos que se va a enfermar, sentir mal, deprimir (¡e incluso matar!) si no hacen lo que les pide.

Amenaza a sus hijos diciéndoles que los va a dejar de querer o de visitar si no se comportan de determinada manera.

Aprueba a sus hijos cuando hacen lo que les pide y les quita su aprobación cuando no lo hacen.

Usa el dinero como herramienta para obtener lo que quiere.[11]

---

[11] Susan Forward, Susan Frazier y Donna Frazier, *Emotional Blackmail : When the People in Your Life Use Fear, Obligation and Guilt to Manipulate You*, Harper, E.U., 1998 .

Este tipo de actitud resulta enloquecedora, pues la mente del niño no logra registrar la congruencia: si hace lo que el padre le pide le va mal y si no lo hace también. El chantaje es una forma de agredir y forzar al hijo; mediante los chantajes los padres condicionan el amor que tienen por sus hijos y les provocan, entre otras cosas, culpa, desconfianza, enojo, frustración y en ocasiones un profundo deseo de venganza. Además, los padres chantajistas corren el riesgo de que sus hijos dejen de creer en sus chantajes y simplemente los ignoren, o terminen chantajeándolos *a ellos*. Los padres chantajistas, aunque *controlan* a sus hijos, no tienen autoridad sobre ellos, ya que la autoridad sólo puede estar basada en el respeto y la credibilidad.

Tanto los sobornos como los chantajes resultan sumamente dañinos para los hijos. Pues les impiden desarrollarse sanamente. Los niños sobornados o chantajeados aprenden a actuar por una motivación externa, ya sea para recibir una recompensa o por miedo a sus papás. Y es muy difícil que se conviertan en personas autosuficientes, capaces de responsabilizarse de su vida.

¿Qué puedes responder ante un chantaje?

Es tu decisión.

Espero que no hagas lo que dices, pero de cualquier modo he tomado una decisión.

Siento mucho que veas las cosas de esa manera.

Me duele verte tan enojado.

¿Te parece bien que hablemos cuando estemos más tranquilos?

Puede ser que tengas razón.

Tienes todo el derecho a opinar así.

Es probable.

No vamos a llegar a nada si continúas insultándome.

Tus amenazas ya no van a seguir surtiendo efecto.

El poder del chantajista sólo dura mientras el chantajeado lo permite.

Mentiras y engaños

Respecto a la mentira, la recomendación es: *nunca les mientas a tus hijos ni los enseñes a mentir*. Esta es una frase que se dice fácil, sin embargo, la mayoría de las personas estamos educadas para creer que la mentira es buena, incluso necesaria, en ciertas circunstancias. Con las mentiras hacemos sentir bien a los demás, manipulamos, agradamos y, al amparo de nuestras buenas intenciones, nos vamos acostumbrando a mentir. "Sólo fue una mentirita", es una frase que escuchamos con frecuencia y no nos damos cuenta de que con las mentiras sucede algo muy semejante a lo que sucede con las drogas: las pequeñas mentiras, las piadosas —su nombre mueve a la risa—, lo único que consiguen es acostumbrarnos a la existencia de la mentira en nuestras vidas; cada vez necesitamos una dosis más grande, hasta que terminamos mintiendo sobre asuntos verdaderamente trascendentes. Además, la mentira nos va alejando cada vez más de la persona a la que le hemos mentido, pues por lo general se requieren de varias mentiras más para que la mentira inicial no sea descubierta.

No te engañes, nadie es *medianamente mentiroso*. Una persona es mentirosa o no lo es. Punto. Cualquier mentira es un acto coercitivo. Según Sissela Bok,[12] mentir equivale a someter al mentido con una llave china, ya que le impedimos tomar las opciones que habría tomado de haber conocido la verdad. La mentira es también un acto de soberbia, pues implica que el otro es inferior a nosotros. Al mentir, consideramos que el otro es indefenso (y por eso debemos protegerlo de la verdad), imbécil (nun-

---

[12] Sissela Bok, *Lying: Moral Choice in Public and Private Life*, Vintage, Nueva York, 1989.

ca nos descubrirá) o indigno de la verdad (sólo nosotros merecemos conocerla).

Las personas mienten para adquirir poder sobre otra y subyugarla. Este poder, o control, dura mientras dura la mentira; sin embargo, al desmoronarse la estructura que la sostiene, la dinámica cambia. Si se trata de una mentira aislada e irrelevante, por lo general el problema no pasa de una discusión en la que el engañado perdona y el mentiroso promete no volverlo a hacer. Pero si los embustes son recurrentes, se fijan en la mente de la víctima y duda; duda de *todo*, y con esa duda perenne somete ahora al mentiroso. Para entonces, poco importa que el poder haya cambiado de manos: la confianza ha quedado resquebrajada y ya ni siquiera la verdad puede resarcirla.

Así, cuando los padres les mienten a sus hijos, se exponen a perder para siempre su confianza, además de que los enseñan a mentir. Por otro lado, cuando el padre de un niño le miente respecto a un asunto importante, por ejemplo, diciéndole que el otro padre va a regresar —siendo que desapareció—, obliga a su hijo a crearse una fantasía. Y a los niños les duele mucho más lo que su fantasía crea que el hecho de enfrentarse con la realidad, por dura que sea.

El caso de Mariana es un ejemplo claro de lo anterior. A Mariana la conocí cuando ya era una mujer de 25 años; al hablar de su padre, lo primero que me dijo fue:

—Gracias a Dios yo tuve una tía muy, muy mala. De no ser por ella, no sé que habría sido de mí.

—¿Por qué?—le pregunté.

—Verás, mis papás se divorciaron cuando yo tenía tres años. Bueno, ni siquiera se divorciaron, en realidad lo que sucedió fue que un buen día mi padre se fue, no sé a dónde ni por qué. A partir de ese día y hasta que tuve siete años, mi mamá se la pasó diciéndome que mi papá me adoraba y que cualquier día regresaría a la casa y nosotros volveríamos a ser una familia feliz. Naturalmente yo le creía. Siempre le creí. Y me la pasaba preguntándome cuándo sería el día en que mi padre regresaría. Cuando pienso en mí de niña, siempre recuerdo la angustia con la que esperaba el regreso de mi padre. Cierto día, mi tía, la hermana de mi mamá, me llevó al jardín y me dijo: "Mira Mariana, hay algo que quiero que sepas. Posiblemente me vas a odiar por decírtelo y seguramente tu mamá no me lo va a perdonar. Pero tu papá no va a regresar nunca. Jamás. Deja de esperarlo." Obviamente me eché a llorar. A partir de ese día, mi madre perdió todo contacto con su hermana. ¿Pero sabes algo? Gracias a mi tía, yo dejé de creerle a mi mamá y ella finalmente me dijo la verdad. No digo que la verdad no me haya dolido, ¡me dolió muchísimo! y me sigue doliendo, pero viéndolo en retrospectiva, creo que me habría dolido mucho más seguir esperando a mi papá todos los días de mi vida; asomada a la ventana como lo hacía cuando niña. Ahora me llevo muy bien con esa tía y nunca sabré cómo darle las gracias por haber sido tan "mala" conmigo.

No le digas que...

Otra forma de enseñar a los hijos a mentir es diciéndoles que no le digan o le digan determinadas cosas al otro padre. "No le digas que tengo novio." "No le vayas a decir que compré una sala nueva." "Por favor no le digas que ya pagué tu colegiatura." "Dile que el refrigerador está completamente vacío y que no te di de desayunar." "Dile que ya no tengo coche." Cuando los niños son muy pequeños y sus papás les piden que no digan algo, por lo general lo dicen y terminan regañados por ambos padres. Pero cuando son grandes, es más factible que guarden el secreto o que digan la mentira; sin embargo, hacerlo les causa mucha confusión y mucha culpa. Un niño que se ve obligado a mentirle a sus padres se siente escindido, aprende a manejar los dobles mensajes y tiene mayores dificultades para expresar lo que piensa y lo que siente, pues no sabe qué es lo que *debe* decir. Nuevamente, el niño que es educado por las mentiras, aprende a regir su vida por motivaciones externas. Además, un niño que aprende de sus padres a guardar secretos o a mentir, es más probable que calle cualquier tipo de abuso, incluso el sexual.

Por todo esto, es fundamental que los padres nunca les pidan a los hijos que les guarden secretos. Si hay algo que no consideras pertinente que tus hijos digan, mejor evita que lo sepan. Y si no quieres que te mientan, no les digas mentiras ni los hagas testigos de las mentiras que les dices a los demás. Mejor aún: nunca digas mentiras.

¿Por qué mienten los niños?

Los niños mienten para evitar las reprimendas, la desaprobación, el rechazo, el ridículo y la vergüenza. Algunos se sienten atrapados o amenazados, otros no quieren decepcionar a los demás por haber tomado una mala decisión y algunos no quieren lastimar los sentimientos de las personas que los quieren. Muchos padres no se dan cuenta y ponen a sus hijos en una posición tal que no les queda más remedio que mentir. Si encuentras la pared de tu casa pintarrajeada y preguntas: "¿quién de ustedes lo hizo?", serás demasiado ingenuo si esperas que el culpable dé un paso adelante y te diga: "Fui yo." Ante una situación así, es mejor que les des a tus hijos una cubeta y les digas: "Saquen el jabón y pónganse a limpiar esto ahora mismo." Si el inocente protesta, dile que debió haber ayudado a su hermano a no meterse en problemas.

Jamás castigues a tus hijos por decir la verdad, pues aprenderán que la verdad debe ser evitada a cualquier costo.[13]

---

[13] *vid.* Elisa Medhus, *Niños autosuficientes*, Aguilar, México, 2003.

¿Y ahora qué hago?

Estoy consciente de que este capítulo es el equivalente emocional a haberte obligado a subir a la montaña rusa sin cinturón de seguridad. Quizá tras haber leído los ejemplos que te he presentado estés dudando de tus habilidades como madre o como padre, de tu capacidad para salir adelante, incluso, de tu decisión de divorciarte. Quizá te estés diciendo: "¡Dios mío, qué culpable me siento! A veces he abandonado a mis hijos emocionalmente, otras los he usado de mensajeros, de vez en cuando les ha hablado mal de mi ex, también les he dicho una que otra mentira, a veces les he puesto apodos y hasta los he sobornado. No cabe duda de que no sirvo para esto de la crianza." Si mal no recuerdas, inicié este capítulo con una frase que dice: "Nuestra principal preocupación debería ser proteger a nuestros hijos de nuestra demencia temporal." Así, mi objetivo al presentarte un panorama tan negro, ha sido que conozcas cuáles son las actitudes y conductas negativas, *para que puedas evitarlas*. Sólo conociendo aquello que daña a nuestros hijos podemos cambiar nuestra actitud. Si te has identificado con una o varias de las actitudes que he presentado, debes saber que no eres la excepción: la mayoría de los padres divorciados, y hasta los que están casadísimos— caen en alguna de las conductas antes descritas por lo menos durante un tiempo. Lo grave no radica haber caído en determinada conducta, sino en perpetuarla. Si te has equivocado, mi recomendación es que no pierdas el tiempo sintiéndote mal y arrepintiéndote por lo que hiciste, mejor piensa en lo que te queda por hacer y pon todas tus energías en perdonarte y tratar de ser mejor cada día. Recuerda que ningún padre es perfecto.

En el siguiente capítulo encontrarás muchísimas sugerencias para cambiar lo que no te gusta y permitirles a tus hijos vivir un divorcio en paz.

Capítulo VI
La burbuja protectora

Los dioses ayudan a quien se ayuda a sí mismo.

Eurípides

Como hemos visto a lo largo del libro, el divorcio es una experiencia dura, difícil y dolorosa que no se termina en el momento de firmar el papel. Si bien la realidad del divorcio es algo con lo que tendrás que vivir por el resto de tu vida —tendrás que ponerte de acuerdo con tu excónyuge cuando tus hijos entren a la universidad o se casen, y es probable que tengas que verlo cuando nazcan tus nietos—, existen muchas sugerencias que te permitirán hacer que tu divorcio sea lo menos doloroso y lo menos difícil tanto para ti como para tus hijos. Aunque ahora no lo creas, son muchas las personas —la mayoría mujeres— a las que la experiencia de su divorcio las enriquece y las conduce una vida mucho más plena y satisfactoria de la que hubieran tenido al permanecer en un matrimonio infeliz.

Además, aunque "el divorcio es una situación de alto riesgo, la mayoría de los padres divorciados y sus hijos cuentan con la resistencia, la maleabilidad y la flexibilidad para hacer frente a los retos de la vida posdivorcio. Y emergen como individuos razonablemente felices y competentes".[1]

A lo largo de este capítulo te daré algunas herramientas que te ayudarán a que, tanto tus hijos como tú, puedan sobreponerse al divorcio. A esta serie de actitudes, conductas y acciones les he dado el nombre de *burbuja protectora*.

Para comenzar a explicar qué es y cómo se establece la burbuja protectora, utilizaré la metáfora del avión y las mascarillas de oxígeno:

Si alguna vez te has subido a un avión, sabrás que poco antes del despegue, la azafata se para en medio del pasillo y les explica a los pasajeros qué hacer en caso de una emergencia. Les dice dónde se encuentran los chalecos salvavidas y cómo usarlos, dónde están ubicadas las salidas de emergencia y cómo abrirlas, y les demuestra cómo utilizar las mascarillas de oxígeno. Cuando la azafata se refiere a este último punto, deja muy claro que las personas que viajen acompañadas de un menor, deberán ponerse primero su mascarilla de oxígeno y después deberán asistir al menor. No obstante las recomendaciones, lo que por lo general sucede durante una despresurización de la cabina, es que el adulto le pone *primero* la mascarilla al niño y luego se pone la suya. Las personas hacen esto no porque sean desobedientes o inconscientes, sino porque es un instinto natural tratar de salvar la vida de un hijo antes de salvar la propia.

Si extrapolamos este ejemplo al caso del divorcio, nos daremos cuenta de que los padres hacen exactamente lo mismo: aun-

---

[1] E. Mavis Hetherington y John Kelly, *For Better or for Worst: Divorce Reconsidered*, W.W. Norton & Company, Nueva York, 2002, p. 274.

que no puedan respirar y se estén ahogando, insisten en ayudar a sus hijos *antes* de ayudarse ellos mismos.

Esta conducta tan usual, se contrapone a lo que yo llamo la burbuja protectora. La burbuja protectora es el ambiente afectivo, emocional y racional que los padres crean para que sus hijos puedan desarrollarse sanamente y, en el caso de los padres divorciados, para evitarles *daños que no están relacionados con el divorcio en sí.* Los responsables de crear esa burbuja o matriz protectora son precisamente los padres y si ellos se afanan en ayudar a sus hijos *antes* de ayudarse a sí mismos, la burbuja que crearán no resultará lo suficientemente resistente y tarde o temprano se reventará o se desinflará.

Si una persona no se da tiempo para recuperarse, no trabaja sus emociones y no se tiene paciencia, no podrá crear la burbuja protectora que sus hijos necesitan. Dicho de otra forma, no será una base lo suficientemente sólida en la que los hijos se puedan apoyar para después brincar y salir adelante. Con esto no estoy diciendo que los padres deban superar *todo* el proceso de divorcio para ayudar a sus hijos, ¡para nada! Lo que estoy diciendo es que no deben olvidarse de sí mismos en el afán de cuidar, proteger y educar a sus hijos. Para lograr esto te daré algunas sugerencias:

Escribe. A todas las personas recién divorciadas que llegan a mi consultorio les recomiendo que lleven una especie de diario en el que escriban todo lo que está pasando y lo que están sintiendo. Y aunque no todas lo hacen, la escritura de un diario cumple con dos objetivos: 1) Escribir resulta terapéutico porque es una manera de "sacar" lo que estás sintiendo, de desahogarte; afuera los sentimientos duelen menos de lo que duelen adentro. Además, al escribir estructuras lo que estás sintiendo y lo que piensas y puedes tener más control sobre ello. 2) Por lo general, las personas que viven un proceso de divorcio se sienten muy mal y no ven ninguna mejoría. Yo te invitaría a que leas lo que escribiste hace tres meses, una semana o un año, para que te vayas dando cuenta de los avances y la evolución que poco a poco has tenido. Si has ido escribiendo lo que sientes y lo que piensas, te será más fácil darte cuenta de que el tiempo sí cura y de las cosas que poco a poquito has ido logrando para recuperarte y fortalecerte.

Libera tensión. Si estás en un proceso de divorcio, es fundamental que hagas algo para liberar tensión. Los niveles de estrés que se manejan en un proceso de divorcio son muy, muy altos. Sin embargo, algunas personas están tan agobiadas, que lo último que se les ocurre es buscarse tiempo para sí; otras no se dan ni un respiro porque piensan que les estarán quitando a sus hijos el tiempo que se den a sí mismas. Lo que esta gente olvida, es que los momentos "personales" redundan en una mayor calidad de atención para los niños. Una persona que se toma una hora para realizar un nuevo deporte, alguna actividad artística o simplemente para relajarse y descansar, les da más a sus hijos en diez minutos, de lo que les hubiera dado en esa hora *y* diez minutos. Por favor no eches esto en saco roto, ni ingreses en actividades sólo para conocer y platicar con gente nueva: lo que realmente necesitas es liberar tensión.

Cuídate más. Suena ridículo y hasta imposible, pero de verdad: cuídate más. Además de que tras un divorcio el sistema inmunológico se deprime abriéndole el camino a todo tipo de enfermedades, las personas divorciadas también son más propensas a tener accidentes —como chocar, resbalarse o romperse un hueso— pues por lo general están disgustadas, preocupadas, olvidadizas, distraídas y medio idas. Por eso resulta crucial poner más atención en lo que haces. Tanto tu cuerpo como tu psique están afectadas y necesitan recuperarse. Así que fuérzate a comer lo mejor que puedas, a dormir lo mejor que puedas y a descansar en cualquier momento, lugar o circunstancia que puedas (por ejemplo, cierra la puerta de tu oficina con llave y toma una siesta de 15 ó 20 minutos). Esto te permitirá estar en mejores condiciones para lidiar con las emociones de tus hijos y para cuidarlos. Una persona que se siente mal está más intolerante, más irritable, más cansada y es más fácil que reaccione desproporcionadamente ante cualquier comentario o travesura de sus hijos.

Haz tu trabajo. No podrás ayudar a tus hijos emocionalmente si tus asuntos psicológicos pendientes se aparecen en tu mente a cada rato. Tus problemas emocionales forzosamente interferirán en tu habilidad para evaluar las emociones de tus hijos. Terminarás mezclando tus reacciones y emociones con las suyas y viceversa. Si no logras establecer una distancia sana entre tus hijos y tú, si no aceptas tus emociones y las controlas, terminarás tomándote todo personalmente. O incluso puedes llegar a preocuparte tanto por lo que tú sientes, que te olvides de las necesidades emocionales de tus hijos. Hay muchísima gente que maneja sus emociones bastante bien y no necesita terapia. Sin embargo, si consideras que no puedes cuidarte a ti mismo, que no puedes controlar tus emociones, que estás demasiado triste o simplemente no sabes qué hacer, considera la posibilidad de buscar apoyo profesional.

Apapáchate. No pienses que ahora tu objetivo es cumplir todo el tiempo, sobrevivir y ya. Échale ganas, trabaja, lucha, sí, pero también consiéntete. Aunque tengas poco dinero, ahorra tantito para darte un gusto: hazte un manicure o un masaje, sal al cine o a tomar una copa, o por lo menos ve a casa de alguna de tus amistades a ver una película y a tomar un café. Date tiempo para divertirte por tu cuenta y con tus hijos. Los apapachos son premios para un alma fatigada y lastimada.

Pide ayuda. Creo que es muy importante que entiendas que hay gente allá afuera que te puede escuchar, ayudar y que no te va a juzgar. Pero que muchas veces, esa gente no te llama o no te busca, precisamente porque te respeta y no quiere entrometerse. Deja de esperar que los demás adivinen tus necesidades, ¡pide ayuda! Dile a tus hermanos que lleven a tus hijos a pasear, a tus amigos que necesitas verlos, a tu exjefe que necesitas regresar a trabajar; incluso, atrévete a pedir dinero prestado si te hace falta. Dice el dicho que al que no habla, Dios no lo escucha. Así que si descubres que necesitas algo, pídelo. Lo peor que te puede pasar es que te digan que no. En este punto es importante tener en cuenta la diferencia que existe entre pedir y exigir: una persona que pide algo y no lo recibe, no se enoja. Pedir supone estar abierto a aceptar ambas respuestas, el sí y el no. Cuando una persona se enoja por no recibir lo pedido, no estaba pidiendo, estaba exigiendo. Por otro lado, ten en cuenta que en los momentos de mucho dolor tus peticiones pueden llegar a ser fantasiosas y que, inconscientemente, puedes estar esperando que las personas te rescaten o te salven. Pero eso nunca va a ocurrir.

Habla. Atrévete a hablar con otras personas que se hayan divorciado. Infórmate, busca, platica y desahógate. Apóyate en otros adultos, amigos, parientes y maestros, para que te ayuden a cubrir las necesidades emocionales y afectivas que tanto tus hijos como tú tienen en ese momento. No olvides que es fundamental no apoyarte en los hijos, ni convertirlos en tus confidentes.

Cambia tu discurso mental. "Es que soy un fracaso." "Ya nadie me va a querer." "No voy a poder sacar adelante mis problemas económicos." "Mis hijos nunca van a superar esto." "Soy tan idiota." "¿Cómo es posible?" Son ejemplos de las frases que algunas personas se repiten *durante todo el día.* ¡No es de sorprender que por la noche estén literalmente aplastadas! Mucho se desprende de los pensamientos. Todo lo que te dices influye directamente en tu manera de actuar y en el mensaje que les transmites a los demás. Gran parte de lo que hacemos y somos se desprende de lo que pensamos de nosotros, de tal manera que si tú te pasas los días pensando que tu divorcio es un fracaso total y no te mereces nada porque has destruido la vida de tus hijos, pasarás por alto cualquier oportunidad que se te presente y terminarás aniquilándote como persona. Haz tu mayor esfuerzo por sustituir las ideas destructivas por un discurso interno por un discurso más positivo, constructivo, empático, comprensivo y amigable. Piensa si te atreverías a decir en voz alta lo que te dices a ti mismo o si serías capaz de decírselo a otra persona. De no ser así, ¿por qué demonios te lo estás diciendo a ti mismo? Si tu discurso mental no cambia, de nada te servirá haber leído este libro, platicar con una amiga o ir a terapia con el mejor especialista. Un alto porcentaje de las personas que van al médico, ¡no se toman los medicamentos que les recetaron! y luego se preguntan por qué siguen enfermas. No seas como ellas, concéntrate en todo lo bueno que hay en ti, échate porras y, sobre todo, ten fe. Si a pesar de tus esfuerzos no consigues cambiar tu discurso interno, te recomiendo buscar una terapia. Mientras tanto, en vez de estar pensando cosas horrendas de ti, repite la oración de Alcohólicos Anónimos: "Señor: Concédeme serenidad para aceptar las cosas que no puedo cambiar, valor para cambiar las que sí puedo, y sabiduría para reconocer la diferencia."

No hagas cambios innecesarios. Éste no es el momento para hacer más cambios, con lo que tienes es más que suficiente. Justo después de un divorcio no es recomendable cambiar de ciudad o de trabajo, cambiar a tus hijos de escuela, irte a vivir con tu amante o casarte, cambiar de casa, etcétera. Si bien para algunas personas se torna urgente irse a vivir con sus padres, entrar a trabajar o buscar una nueva casa, es fundamental que limites los cambios a los *estrictamente necesarios.* Mucha gente, en su afán de "hacer una nueva vida" cambia todo, incluyendo su guardarropa, su corte de pelo y la decoración de su casa. Estas medidas dan la sensación de poder y por un tiempo sirven para mitigar la angustia; sin embargo, a la larga generan mucho más angustia y estrés, tanto en los padres como en los hijos, además de que suponen un gasto enorme.

No busques la perfección: no existe. No trates de ser la supermamá o el superpapá. No trates de hacer todo, resolver todo, terminar todo y poder con todo, pues lo único que conseguirás será cansarte innecesariamente. Tampoco trates de ser mamá y papá al mismo tiempo; asumir uno de los dos roles bien, es ya una tarea de todo el día y de toda la vida. Además, si intentas cubrir ambos roles, lo único que conseguirás es no cumplir con ninguno. No te pidas demasiado, baja tus expectativas y tente paciencia: recuerda que estás recuperándote. (En el capítulo dos encontrarás consejos para simplificar las tareas domésticas.)

Pasa tiempo con tus hijos. Henry Wadsworth Longfellow tiene una frase que dice: "Cuando la noche comienza a caer, llega una pausa en las ocupaciones del día, eso es lo que se conoce como La Hora de los Niños." Sí, las noches son un momento ideal para pasar tiempo con tus hijos (especialmente si tienes su custodia), pero no les limites tu atención a ese momento. Siempre que puedas llámalos por teléfono de tu oficina, sal a caminar con ellos, juega o realiza alguna actividad. Los niños están viviendo un proceso muy semejante al tuyo, pero cuentan con una ventaja: tú. Haz valer esa ventaja y permíteles apoyarse en ti. Haz que el tiempo que pases con tus hijos sea *de tus hijos.* No mezcles las actividades domésticas, los compromisos laborales o personales con ese tiempo. ¿Qué sentirías si alguien te invita a tomar un café y se la pasa hablando por teléfono, balanceando su chequera, contestando sus correos electrónicos, tendiendo las camas o trapeando? Si estás ocupado, diles a tus hijos eso. Y cuando decidas pasar tiempo con ellos, no permitas que nada interfiera, ¡eso los hace sentir importantes y apreciados!

Ya hemos visto que para implementar la burbuja protectora, los padres deben tomar en cuenta sus necesidades personales pues sólo así podrán ayudar a sus hijos. Sin embargo, pareciera que la facilidad con la que un padre encuentra tiempo y energías para atender a sus hijos es directamente proporcional a la dificultad que encuentra para atenderse a sí mismo. ¿A qué se debe esto? Algunas razones pueden derivarse de la infancia, quizá tus padres te enseñaron que si pensabas en ti mismo antes de pensar en los demás, estabas siendo egoísta o quizá fomentaron en ti la idea de que mereces muy poco, es decir, una baja autoestima. En generaciones pasadas era común que los padres les enseñaran a sus hijos a satisfacer las necesidades familiares asumiendo el rol de mártires, por lo que muy poca gente cuenta con buenos modelos en lo que se refiere a atender y cuidar de sí mismos y solventar sus necesidades personales; quizá cuenten con modelos de autoindulgencia, pero no es lo mismo.

Entiendo que cualquier padre divorciado me puede decir: "Pero si no tengo tiempo para nada, ¿de dónde voy a sacar tiempo *para mí?*" El tiempo que uno destina para sí mismo, no se tiene, se inventa. Si te rompieras una pierna, irías al médico. Si tu casa se quemara, buscarías otro lugar para vivir. Cualquier persona *hace* tiempo para enfrentar las crisis que se le presentan o para cumplir con obligaciones importantes, si no te estás dando tiempo para ti, es porque no te has puesto en esa lista. No olvides que tu responsabilidad con tu familia incluye amar y cuidar al activo más importante: tú.

Una vez entendido que para ayudar a tus hijos, primero debes ayudarte tú, continuaremos analizando qué es la burbuja protectora.

La mayoría de los factores que incluye la burbuja protectora ha sido presentada a lo largo de todo el libro. En ese sentido te sugiero que repases el capítulo anterior y evites las conductas que en él se mencionan, y sobre todo, que leas la última parte del capítulo uno, donde se menciona la importancia de amar incondicionalmente a tus hijos y permitirles expresar lo que sienten y lo que piensan. No obstante, amar a tus hijos no es suficiente, también debes imponerles disciplina. Los límites son absolutamente necesarios para que un niño se desarrolle sanamente. Y aunque existen muchos métodos disciplinarios, los que mejores resultados dan son los que, combinando la afectividad de los padres y la expresión de sentimientos, hacen que los niños asuman las consecuencias de sus actos y fomenten en ellos el diálogo interno.[2] En ese sentido, lo que los niños requieren de sus padres es consistencia, frecuencia y predictibilidad.

Es importante que los padres tengan en mente que sus hijos tienen una serie de derechos que deberán ser cumplidos. En este sentido, he decidido transcribir el pliego de derechos que, para los casos de divorcio, promueve la Suprema Corte de Justicia del estado de Wisconsin, Estados Unidos, pues considero que los enumera muy bien.

---

[2] Si te interesa ahondar en este tema, te recomiendo el libro de Elisa Medhus, *Niños autosuficientes*, Aguilar, México, 2003.

Los derechos de los niños

Cualquier niño, sin importar su género, raza ni su condición social, económica o mental, tiene derecho a:

1. Ser tratado con interés y con afecto, y a no ser usado como rehén.
2. Crecer en un ambiente familiar que le garantice la oportunidad de convertirse en un ciudadano maduro y responsable.
3. Recibir día tras día, amor, cuidados, disciplina y protección por parte de la persona que tiene su custodia.
4. Conocer y tratar al padre que no tiene la custodia, o a ambos padres en caso de que la custodia sea compartida, y beneficiarse de su amor y su guía mediante visitas constantes.
5. Establecer una relación positiva y constructiva con ambos padres, sin que ninguno de ellos degrade la imagen del otro en la mente del niño.
6. Que se le inculquen valores éticos y morales mediante precepto y ejemplo, y que se le impongan límites a su comportamiento para que el niño pueda, desde una edad temprana, tener autodisciplina.
7. Obtener el sustento económico más adecuado que ambos padres con sus esfuerzos puedan brindarle.
8. Tener las mismas oportunidades educativas que hubiera tenido si la unidad familiar no se hubiera transformado.
9. Que los acuerdos respecto a la custodia y la pensión alimenticia se revisen periódicamente conforme lo requieran las circunstancias de los padres y las necesidades del niño.
10. Que se reconozca el hecho de que los niños involucrados en un divorcio siempre son las partes con mayores desventajas

y que la ley debe tomar acciones afirmativas para asegurar su bienestar.[3]

Algunos "salvavidas" para padres divorciados

Piensa en ti mismo como el modelo que tiene tu hijo para convertirse en un adulto feliz, útil y sano.

Haz de cada minuto que pases con tus hijos una oportunidad para aprender. (Esto se refiere tanto a ti como a tus hijos.)

Obtén ayuda, no puedes hacer las cosas solo.

Respeta a tus hijos.

Pon límites a tus hijos.

Comunícate con tus hijos y permíteles hablar de lo que sea.

Considera los errores y los problemas como oportunidades para crecer.

No trates de reparar el asunto del divorcio volcándote en tus hijos. Entiende que tienes una vida propia, si no corres el riesgo de convertirte en un padre sobreprotector.

---

[3] Vicki Lansky, *Divorce Book for Parents*, Book Peddlers, Minnetonka, 1996, p. 64.

No asumas que cualquier problema de tus hijos o cualquier conducta negativa se debe exclusivamente al proceso de divorcio. Toma en cuenta la etapa de desarrollo en la que están tus hijos, muchos problemas no tienen otra causa que la edad.

No conviertas a tus hijos en tus confidentes o en el sustituto del padre ausente. Dales la oportunidad de ser simplemente niños.

No les pidas perdón a tus hijos por haberte divorciado. Recuerda que tu divorcio no fue un acto deliberadamente planeado para lastimarlos.

Sé flexible y creativo. Los cambios son inevitables.

Baja tus expectativas, olvídate de la perfección y establece prioridades.

Practica. La práctica lo hace todo.

Simplifícate la vida.

Disfruta el proceso.

Juega con las cartas que te tocaron. Anticípate a los hechos siempre que puedas y evita reaccionar ante las cosas.

Examina tu enojo (a veces es el disfraz de otra emoción).

Respira, incluso aprende una técnica de relajación.

Organízate, pero no hagas del orden tu meta.

Aprende y practica distintas habilidades para criar a tus hijos. (En algunas escuelas existen talleres para padres.)

No pierdas el sentido del humor.

Recuerda que tú también cuentas.

Confía en ti, en tus instintos y en tu voz interior.

Deja atrás la culpa y renuncia a la culpabilidad.

Date tiempo.

Concéntrate en ti y en aquello en que sí puedes influir.[4]

[4] Linda Foust, *The Single Parent's Almanac*, Prima Publishing, E. U., 1996, pp. XII, 56.

Recomendaciones para padres no residentes

Para la mayoría de los hombres el hecho de no ser una presencia diaria en la vida de sus hijos es un obstáculo difícil de superar; éste es un factor que contribuye a que los padres que no tienen la custodia de los hijos a menudo tengan más dificultades para establecer una relación estrecha con ellos. Muchos padres no residentes se quejan de la frustración, confusión e incertidumbre que sienten, y de lo difícil y doloroso que les resultan los días de visitas y el hecho de ser papás "a ratos". Según el estudio de Hetherington, los padres no residentes:

> por lo general adoptan la actitud de "todos los días es Navidad" durante el primer año. Nunca visitan a sus hijos sin llevarles un regalo o sin haber hecho planes entretenidos, y se muerden la lengua cuando el niño hace algo mal. Durante el poco tiempo que están con sus hijos quieren ser agradables. Aunque esta actitud declina poco más tarde, los padres no residentes continúan siendo los padres más indulgentes de todos, incluyendo a las madres no residentes. Los padres de medio tiempo rara vez establecen reglas, actúan como disciplinarios o ayudan a los hijos con las tareas, como lo hacen los padres no divorciados. Asumen un rol de compañerismo en vez de un rol paterno.[5]

Teniendo lo anterior en cuenta, a los padres no residentes yo les recomendaría que eviten convertirse en una especie de Disneylandia o Santa Claus en los días que ven a sus hijos. En las familias intactas, el papel de los padres es más informal. Los padres están presentes y accesibles pero no interactúan todo el tiem-

---

[5] E. Mavis Hetherington y John Kelly, *op. cit.* pp. 118-120.

po con sus hijos. Por lo general los niños juegan solos o con sus hermanos y amigos, y el padre sólo está allí, para ver el dibujo que el niño hizo o el bicho que se encontró. La mayoría de los momentos que los padres casados pasan con sus hijos se llevan a cabo a la hora de la comida, de la cena o de ir a la cama. De tal manera que para muchos padres no residentes, el hecho de tener que pasar ocho horas frente a frente con sus hijos, les resulta una experiencia no sólo nueva, sino muy complicada. Y en su intento de ser lo mejor posible para sus hijos, terminan llevándolos a cuanto circo, película, exposición, parque, zoológico, museo, feria, evento o paseo que haya en su ciudad. Si bien las diversiones les gustan y son recomendables para los niños, cualquier padre debe evitar convertirse en mero entretenimiento. La relación afectiva con los hijos se vuelve más sólida si los niños comparten con sus padres actividades cotidianas, como son los deberes escolares y las rutinas. En ese sentido, una de las cosas que más acerca a los hijos con sus padres no residentes, es que puedan pasar una o dos noches con ellos, cuando menos cada 15 días. El hecho de dormir en casa del padre no residente fortalece en el niño la idea de que también ese padre es parte de su familia, además, la convivencia se vuelve más estrecha. También es importante que estos padres destinen un área de su casa, por pequeña que sea —puede ser un sofá y una mesita—, a los niños, para que ellos sientan que la casa de ese padre es también *su* casa, y no que están sólo de visita. Si tienes la posibilidad de comprarles una cama, hazlo; y también permíteles que decoren su espacio.

A menudo los padres no residentes se quejan de que sus hijos no quieren ir con ellos. Muchas veces la negativa del hijo se debe a que convierte a este padre en el receptor de su ira, en una especie de chivo expiatorio. Si ése fuera tu caso, dale tiempo y continúa invitándolo; la mayoría de las veces esta conducta es sólo temporal. Si la resistencia de tu hijo a verte no cede, quizá te convenga buscar ayuda profesional para descubrir qué está pasando y encontrar maneras de solucionarlo.

Otras veces la renuencia a visitar al padre no residente se debe a que el hijo tiene otros compromisos, por ejemplo, si va con su papá se perderá la fiesta de su mejor amigo. En ese sentido es importante que te involucres en las actividades de tu hijo, acompañándolo a sus fiestas, pidiéndole que invite a sus amigos o hagan la tarea en tu casa.

Sobre todo, haz que tus hijos sepan que pueden contar contigo. Si les llamas poco o los ves poco, con tus actos les estarás diciendo lo contrario. También cumple con tus obligaciones, tanto las financieras como las personales. Si constantemente cancelas las citas que tienes con tus hijos, los harás creer que no te interesan. Además:

Haz que cuando tus hijos vayan a tu casa, se sientan *en casa*. Dales espacio en tu clóset (aunque sea un cajón), lugar para guardar sus juguetes y para colgar sus dibujos. Decora tu hogar con fotos de tus hijos. Preséntales a tus vecinos y a los niños de su edad.

Tenles un traje de baño, unas botas para la lluvia, raquetas para jugar tenis o cualquier artículo que utilices con frecuencia. Muchas de estas cosas las puedes encontrar a un menor precio en tiendas de segunda mano.

Pídeles que se lleven sus tareas a tu casa y ofrécete a ayudarles con trabajos escolares, ¡incluso entre semana! Cuando estés con tus hijos, no trates de que todo sea "especial". Enséñalos a ayudarte con las tareas cotidianas y permíteles sólo estar allí, haciendo nada. Tu vida en familia no tiene por qué convertirse en un parque de diversiones.

Ten a la mano crayolas, plastilina, cuentas, microscopio, libros o cualquier cosa que te permita realizar actividades recreativas, ya sean artísticas, de investigación o científicas.

Permite que cada uno de tus hijos lleve un amiguito de vez en cuando. Y no te olvides de que, por lo menos al principio, a los niños les resulta más fácil que el tiempo que pasan contigo, estés a solas con ellos y no con tu pareja o con amigos.

Pasa tiempo a solas con cada uno de tus hijos.[6]

Recuerda que es más importante la calidad de la relación que el padre no residente pasa con sus hijos, que la frecuencia de las visitas.

Recomendaciones para presentar a tus hijos con tu nueva pareja

Aunque Samuel Johnson dice que volverse a casar es "el triunfo de la esperanza sobre la experiencia", las estadísticas indican que los hombres se casan en promedio al año o a los dos años después de divorciarse y las mujeres entre cuatro y siete años después de su divorcio.

---

[6] Vicki Lansky, *op. cit.* p. 115.

Quizá en este momento la idea de un nuevo matrimonio o de una nueva pareja no esté en tu horizonte. Sin embargo, considero que es importante que sepas qué hacer en ese sentido, pues tarde o temprano el amor puede volver a llamar a tu puerta o a la de tu expareja.

Cuando se refiere a aspectos como cuándo volver a establecer una relación amorosa, cómo lidiar con la nueva relación amorosa de tu ex, cómo equilibrar tu relación con tus hijos con tus salidas, tu vida amorosa y tu vida sexual, cuándo terminar con una relación y cuándo volverte a casar y formar una familia mixta, lo mejor que puedes hacer es planear las cosas con anticipación, buscar ayuda profesional si no sabes qué hacer, pero sobre todo tener en mente que no existen fórmulas hechas y que la última respuesta la tienes tú, confiando en tus instintos, basándote en tu juicio y haciéndole caso a tu voz interior.[7]

¿Cuándo establecer una nueva relación?

No hay un momento perfecto, pero yo recomiendo que antes de buscar una nueva relación, te des tiempo para recuperarte y superar el duelo. El dicho de "un clavo saca a otro clavo", no se aplica en una situación tan difícil como el divorcio y les causa daños y confusiones innecesarios a los niños.

Por otro lado, en lo que se refiere a salir con alguien, algunas personas parecen tener facilidad innata, mientras que otras tienden a aislarse y a sumergirse en el trabajo y en el cuidado de los

---

[7] Varias de las referencias y sugerencias de este inciso fueron tomadas de: Vicki Lansky, *op. cit.,* pp. 210-112; y de Linda Foust, *op. cit.,* pp. 363-388.

niños. Sin importar cuál sea tu caso, asegúrate de no tomar la decisión de no volver a tener pareja sólo por tus hijos. (Como ya vimos en el capítulo dos, a las personas que se quedan solas por *convicción* les va bastante bien.) Date tiempo y vuelve a salir sólo cuando estés listo. Para algunas personas eso ocurre después de unos meses, para otras tienen que pasar muchos años. No esperes una relación perfecta y ten en mente que la mayoría de las personas se vinculan con una persona muy parecida a su expareja, éste es uno de los factores que hace que los segundos matrimonios tengan menores posibilidades de éxito que los primeros.

Si dudas de la conveniencia de reestablecer tu vida amorosa, ten en mente que una nueva relación íntima reduce significativamente la depresión, la queja respecto a la salud, las visitas al doctor y aumenta la autoestima. "Cuando alguien te ama y te valora, empiezas a pensar que eres digno de las atenciones y del afecto. El amor realmente cura y a veces hace mucho más que sólo curar; a veces salva."[8]

¿Cómo lidiar con la nueva relación de tu ex?

Todo parece ir de maravilla y de pronto tu pequeña hija te dice: "¿Sabes?, mi papá tiene una amiga nueva o mi mamá tiene novio." Quizá, utilizando todo lo que has aprendido en este libro, consigas morderte la lengua y mostrar cierto interés. Pero por dentro te estarás preguntando: ¿Quién es? ¿Dónde le conoció? ¿Será inteligente? ¿Será guapa o guapo? ¿Será un monstruo? Quizá ha-

---

[8] E. Mavis Hetherington y John Kelly, *op. cit.*, p. 79.

gas una pregunta casual y recibas por única respuesta: "Parece ser buena persona." Aunque ya no quieras a tu expareja, aunque la odies y aunque jures que no sientes por ella más que indiferencia, es común que su nueva pareja haga brotar muchas emociones, la mayoría negativas. Es común que te arrepientas de haberte divorciado. Quizá interiormente te digas: "En cuanto le conozca mejor, seguro le dejará." "Si a mí me hubiera tratado así de bien, seguro que no le hubiera dejado." "Ahora entiendo por qué no ha cumplido a tiempo con la pensión alimenticia, ¡ya tiene en quién gastar!" "Seguro sólo quiere su dinero." "Ahora ella —o él— recibirá todo lo que me prometió a mí." "¿Qué puede tener que no tenga yo?" "La verdad es que nunca me quiso." "¡Ahora ese hombre —o esa mujer— me va a quitar a mis hijos!" Quizá tengas fantasías de hablar con esa persona para advertirle todo lo malo que es tu ex, quizá quieras llamarle y amenazarle o quizá no puedas resistir las ganas de romperle la cara.

No reprimas tus emociones, grita, llora, patalea, pero *no sigas tus primeros impulsos*. Piensa, relájate, respira. Y finalmente recuerda que separar a tu hijo de su padre equivale a lastimarlo. Sin importar qué tan mal te caiga la noticia de su nueva relación, entiende que no hay nada que puedas hacer. (Bueno, sí, te puedes poner a chantajearlo, pero lo único que conseguirás es dañar enormemente a tus hijos.)

La noticia de que tu expareja tiene una nueva relación puede revivir en ti los sentimientos de abandono. Y, desafortunadamente, las cosas se ponen peor cuando la expareja se casa. Según Hetherington,

Existe una situación que con frecuencia parece inflamar sentimientos intensos. Cuando el excónyuge se vuelve a casar, los hombres y las mujeres divorciadas, a menudo vuelven a experimentar el mismo sentimiento de pérdida, traición, rabia y ansiedad que sintieron cuando se divorciaron. Es interesante destacar que estos sentimientos se presentan incluso en personas que se habían vuelto a casar antes. El despecho es una respuesta común al nuevo matrimonio de la expareja. No obstante, las mujeres experimentan mayor rencor que los hombres. En lo referente a los nuevos matrimonios, los hombres descubren que asuntos antiguos, que consideraban arreglados, vuelven a abrirse. [...] Los niños suelen convertirse en el blanco de la ira materna. Y son acusados de albergar lealtades divididas o de preferir a su padre y a su nueva esposa en vez de la familia "real" del niño.

Habría querido que este capítulo abordara sólo asuntos positivos, sin embargo, son tantos y tan confusos los sentimientos que se suscitan cuando la expareja se vuelve a casar, que es importante que los tomes en cuenta. Por lo general, un nuevo matrimonio por parte de la expareja provoca depresión; muchas personas ignoran esto y, en vez de darse tiempo para —otra vez— vivir el duelo, buscan otras causas —"¿Qué puede estar mal conmigo?" se preguntan— incluso llegan a pensar que su depresión se debe a desajustes orgánicos o químicos. Así, aunque no puedes hacer nada por evitar este dolor, por lo menos puedes estar preparado.

Dicen que la experiencia es una maestra dura: primero pone el examen y después da la lección. Así, incluso cuando tu ex se casa, puedes aprender cosas positivas:

1. Vivir sola o solo ofrece oportunidades para el crecimiento personal que las personas que se apresuran a un segundo matri-

monio pierden. La soledad es una buena aliada para conocerte a ti mismo y saber cómo respondes a la adversidad. Crecer puede resultar doloroso, pero a la larga vale la pena. Descubres talentos, posibilidades y fortalezas que no sabías que tenías.

2. El hecho de que tu ex se case puede resultarte *muy* útil. Si tienes suerte, el nuevo cónyuge puede convertirse en tu aliado. Aunque no lo creas, hay muchas personas que reconocen que la nueva pareja les ha facilitado las cosas. ¡Quizá ahora descubras que tienes a alguien con quién comunicarte!, alguien que está atento de las citas y los compromisos que tu ex tiene con tus hijos.

3. Nadie, sin importar qué tan buena persona sea, podrá quitarte tu rol de madre o de padre. La relación que un padre o una madre establece con sus hijos es única e irremplazable. Las madrastras y los padrastros se parecen más a un maestro del que el niño puede aprender. Muchos hijastros se llevan muy bien con sus madrastras o padrastros y aunque por el momento eso no te guste, a los niños los beneficia. No trates de controlar las experiencias de tus hijos. Ya no tienes ninguna injerencia en lo que sucede en casa del otro padre (solo si tu hijo corre algún tipo de peligro estando con su padre no residente, ya sea por violencia intrafamiliar, abuso de cualquier tipo, adicciones o algún desorden emocional grave, deberás impedir sus visitas. En estos casos lo mejor es recurrir a instancias legales).

4. Felicítate por los éxitos que has alcanzado.

5. No puedes alterar la vida romántica de tu expareja y serías masoquista si lo intentaras. Usa a la nueva pareja como recordatorio de que ya no estás casado, quizá eso te ayude a romper cualquier vínculo emocional y te sirva de inspiración para empezar a salir.

¿Cómo manejar tu nueva relación con tus hijos?

Para cualquier niño resulta difícil aceptar las nuevas relaciones amorosas de sus padres, a tal grado que algunas personas recomiendan que la primera persona que les presentes sea alguien que no te importe y te reserves a la persona importante para después, ya que los niños nunca aceptan al *primer* prospecto. No estoy de acuerdo con lo anterior, pero sí estoy consciente de que las nuevas relaciones de los padres asustan mucho a los hijos, pues por lo general ven a la nueva pareja como competencia y creen que tendrán que compartir el amor que tú les das con ella. Además, existen otros factores que determinan el grado de aceptación que tus hijos tendrán con tu nueva pareja. Entre ellos se destacan los siguientes:

La edad de tus hijos. Los niños chiquitos por lo general no entienden qué significa "salir con alguien" y aunque generalmente aceptan las nuevas relaciones con facilidad, dependiendo de su temperamento, pueden llegar a la conclusión de que cualquier persona que se sienta en la sala de tu casa es un reemplazo del padre ausente. Por otro lado, los chicos más grandes pueden mostrarse hostiles hacia tu nueva pareja. Los adolescentes a menudo se sienten amenazados con las salidas de sus padres, pero también hay otros que, viéndolos solos, los instan a buscar una nueva pareja. De nuevo: no hay reglas escritas.

Tu sexo. Si eres mujer estoy segura de que lo que te voy a decir te va a hacer enojar: Por lo general los niños aceptan mejor las citas o relaciones románticas de su padre, que las de su madre. Esto se debe, más que nada, a que usualmente es la madre quien los cuida y esperan que sea ella la que mantenga el *statu quo*.

El estado emocional de tus hijos. Algunos niños asumen mejor las pérdidas que otros. Si tu divorcio fue muy difícil, es probable que tus hijos se rehúsen a aceptar un cambio más. No hay una fórmula para decirte si tus hijos van a aceptar a tu pareja o no, pues depende muchísimo de su personalidad, de la tolerancia que tengan a los cambios y de qué tanto sepan y puedan reconocer sus emociones y controlarlas.

Qué tan acostumbrados estén tus hijos a la vida social. Si tus niños tienen contactos sociales constantes, es más probable que acepten mejor tus salidas y tus nuevas amistades.

Quién inició la separación. Si tus hijos te culpan por el rompimiento, es más difícil que alienten tu nueva relación.

El tiempo. Cuando los padres salen de una relación para inmediatamente entrar en otra, las fantasías de reconciliación que tiene cualquier niño se dañan y algunos niños pueden revivir su miedo al abandono. Entre menos tiempo haya pasado desde tu divorcio, mayores serán las posibilidades de que tus hijos se comporten con hostilidad.

La custodia. A los padres que no tienen la custodia de sus hijos les resulta más fácil establecer una relación amorosa, pues tienen más tardes libres. Esto les permite no *tener* que presentar a la nueva pareja hasta que están seguros, mientras que los padres que tienen la custodia a menudo se enfrentan con la siguiente disyuntiva: o dejan a sus hijos a cargo de un tercero o invitan a su nueva pareja a pasar la tarde en su casa.

Tu expareja. Si tu ex te apoya, o por lo menos es neutral, es mucho más fácil que tus hijos acepten a tu nueva pareja. Los padres que hablan mal de la nueva pareja, del otro padre y que —¡ojalá no!— amenazan a su ex-pareja y a la nueva pareja de ésta, pueden convertir la vida amorosa de cualquiera en un infierno.

Aunque las parejas transitorias pueden ser de gran ayuda para los padres, pues los hacen sentir amados y apreciados, les dan la oportunidad de tratar a personas diferentes y hacerse una idea clara de lo que quieren, les da una sensación de pertenencia en el mundo, el sexo casual a menudo resulta contraproducente y, más en las mujeres que en los hombres, provoca un vacío y una soledad mayores que los que pretendía evitar.

Cuando se trata de presentar a tus hijos con tu nueva pareja, es importante que antes definas si dicha persona pinta para una relación pasajera o estable. No tiene ningún caso que tus hijos conozcan a cuanta persona salga contigo, lo único que conseguirás será confundirlos y crearles inseguridades. Si consideras que la relación con determinada persona tiene indicios de formalizarse, deja pasar entre tres y seis meses antes de presentarla con tus hijos. Sorprendentemente los expertos en el tema recomiendan que, en vez de invitar a dicha persona a tu casa:

Concretes la cita cuando tus hijos estén en casa del otro padre o cuando se vayan a quedar a dormir en casa de un familiar.

Quédate de ver con la persona en un punto determinado, por ejemplo un parque.

Que recojas a la persona en su casa en vez de que ella pase por ti.

Que la invites a tu casa después de que los niños se hayan dormido.

Así, aunque es importante esperar cierto tiempo para presentarles a tus hijos a tu nueva pareja, tampoco se trata de que les ocultes la relación eternamente ni que se los presentes unos cuantos días antes de casarte. "Mantener tu vida amorosa fuera del conocimiento de tus hijos, ayuda a retrasar algunos problemas pero no es una solución permanente. Por una parte, resulta fatigante, especialmente si tu tienes la custodia. Y por la otra, te priva de la oportunidad de modelar en tus hijos relaciones adultas sanas. Más que nada, tú y tus hijos vienen en paquete. Y querrás observar cómo se desenvuelve esa nueva persona con tus hijos y cómo toma el hecho de que distraigas tu atención de ella."[9]

---

[9] Linda Foust, *op. cit.,* pp. 377 y 378.

Reconoce las emociones de tus hijos

Al presentarles una nueva pareja a tus hijos, no esperes que se porten como angelitos. ¡Lo más probable es que se porten peor de lo que nunca se han portado! Además, por lo menos las primeras veces, te sentirás como una cuerda tirante: tus hijos demandarán toda tu atención (generalmente comportándose mal) y tu pareja te pedirá que le hagas caso. Ten en mente que ésta es una situación sumamente estresante, ten mucha paciencia, con el paso del tiempo, la mayoría de los niños se adaptan a este nuevo cambio.

No confundas el mal comportamiento de tus hijos con malicia. Muchas veces el enojo, incluso las groserías que manifiestan, son una manera de enmascarar su miedo y sus inseguridades. A los niños, especialmente a los hijos únicos, les asusta mucho tener que compartir la atención de un padre que por lo general está centrada en ellos. Tus hijos necesitan estar seguros de que los quieres y de que no te van a perder porque ahora tienes pareja. Cuando uno de los padres del niño ha desaparecido, su fantasía le lleva a creer que puede perder al otro.

La comunicación es la clave en estos casos. Explícale cuáles son las reglas que debe seguir cuando esa persona esté presente. Motívalo a expresar sus sentimientos verbalmente. Reconoce sus miedos aunque él los niegue: "Cualquier niño puede tener miedo cuando su mamá conoce a una nueva persona, es normal sentirte así. Quiero que sepas que Chuchito no cambia el amor que yo siento por ti. Yo siempre te voy a querer."

Cuando tu relación termina...

Si por alguna razón decidieras terminar con tu relación amorosa, y tus hijos conocen a la persona y se han encariñado con ella, trata esa ruptura como lo harías con un divorcio: habla con tus hijos, asegúrales que no fue su culpa y que nada pudieron hacer para evitar el rompimiento, permíteles a expresar sus sentimientos y motívalos, asegúrales que los sigues queriendo. El problema de las nuevas relaciones es que pueden terminar y esto lastima a los hijos. Pero de nuevo, nadie tiene la vida comprada y a veces uno no puede hacer nada para evitar estas pérdidas (sin embargo, haz tu mayor esfuerzo para que no se conviertan en un asunto recurrente).

Recomendaciones para padres que viven con sus padres

Muchas veces, a pesar de que las personas no desean regresar a casa de sus padres después de divorciarse, las circunstancias las obligan. También, en otros casos, la decisión de ir a vivir con sus padres, se da después de mucho pensar las cosas y a menudo da muy buenos resultados. No obstante, a las personas que ahora viven con sus padres, yo les sugiero que vean esto como una solución temporal, no permanente.

Cuando los niños crecen con sus abuelos, lo que por lo general sucede es que los roles se mezclan y los abuelos terminan convertidos en los padres del nieto y regañando a su hija o hijo como lo hacían hace 20 años. Ésta es una situación común que debe —y puede— evitarse.

Para conseguirlo, lo primero que debes hacer es *establecer reglas claras,* de preferencia antes de irte a vivir a casa de tus papás.

Generalmente lo que sucede es que el hijo, y más a menudo la hija, un buen día despierta en casa de sus papás (es decir, de los abuelos de sus hijos) y las cosas se resuelven conforme se presentan. (En adelante usaré los términos: abuelos y padres, para no confundir al lector.) En el proceso y con el paso del tiempo, surgen muchos malentendidos y en algunas tristes ocasiones, ocurre que nadie, ni los abuelos ni los padres, asume verdaderamente el rol de educar, guiar y disciplinar a los niños. Una buena idea para evitar estos malentendidos es que desde antes de que te vayas a vivir con tus papás hables con ellos y te pongas de acuerdo sobre qué van a hacer.

Qué reglas tendrán tus hijos.

Quién se encargará de hacerlas respetar y a qué hora —es común que los abuelos se encarguen del nieto durante el día y por la tarde sea el papá o la mamá quien está con ellos.

Quién supervisará las labores escolares de tu hijo.

Cuáles son las responsabilidades domésticas de cada quién, trata de ser muy específico en esto, especialmente en lo referente a las comidas, el lavado de la ropa y el aseo de la casa.

Con qué gastos contribuirás tú y con qué gastos contribuirán los abuelos.

Quién llevará a los niños a las actividades extraescolares.

Quién se comunicará con el padre no residente; en este sentido lo mejor es que seas tú y que impidas que los abuelos interfieran en esa relación, pues a menudo sólo complican las cosas. No obstante, en algunos casos, es mejor que los exsuegros se encarguen de eso, especialmente si no soportas a tu ex. Lo importante es no triangular.

Quién dará los permisos para las salidas importantes.

Quién llevará a los niños a la escuela y cuándo.

Quién irá a las juntas escolares, etcétera.

Trata de hablar de todos los temas que se te ocurran. Pues aunque las reglas cambian y se debe ser flexible con ellas, el hecho de haberlas preestablecido será un buen cimiento para esta nueva forma de vida. Sobre todo, no asumas que los abuelos de tu hijo, por ser tus padres, van a pensar igual que tú. Nunca es así. Por otro lado, aunque estés viviendo en casa de los abuelos, tu función sigue siendo educar a tus hijos. Los padres deben ser quienes asuman primordialmente la labor disciplinaria y educativa. Ciertamente los abuelos pueden ayudar, y a menudo lo hacen, pero no por ello les pases la batuta y te desentiendas de la educación de tus hijos.

En mis programas de radio frecuentemente recibo llamadas de mujeres angustiadas, agobiadas y paralizadas diciéndome que sus hijos van a estar *muy mal* si ellas trabajan. Los niños no están muy mal porque sus mamás trabajan, los niños están muy mal porque el tiempo que la mamá no trabaja no está con ellos o no está emocionalmente con ellos, no juega con ellos y no les da afecto y cariño. Ése es el problema principal, no que trabajen. Aquí es lo mismo. Aunque la mamá trabaje y los niños estén con los abuelos, la mamá desde lejos puede ejercer una figura de autoridad: puede llamar a sus hijos desde el trabajo, puede decirles a sus hijos que no tienen permiso de salir (o de lo que decida) si no la llaman por teléfono antes y puede ayudarles con las tareas, llevarlos a comprar sus libros o salir a divertirse con ellos cuando regrese del trabajo, o los sábados y los domingos.

Los problemas disciplinarios de los niños nunca se dan sólo por los abuelos, generalmente están relacionados con un padre que "cuelga los tenis" y les cede toda la responsabilidad de la crianza a los abuelos. A estas personas les resulta más fácil que los abuelos críen a sus hijos.

Los abuelos son un apoyo, *nunca* deben convertirse en la única figura de autoridad para el niño.

Y hablando de figuras de autoridad, es importante que nunca contrapongas la autoridad de los abuelos enfrente de tus hijos y tampoco permitas que ellos lo hagan. Si la abuela le pone a tu hijo una regla descabellada, respétala frente al niño, luego, a solas, habla con ella. Lo mismo en el caso contrario. Los desacuerdos y las discusiones entre abuelos y padres deben resolverse en privado, recuerda que los niños oyen muchas cosas fingiéndose dormidos.

¿Y los abuelos?

A los abuelos yo les diría que si van a apoyar, que apoyen de veras. Que no asuman el papel de víctimas —"¿ya ves qué buena soy? Si no fuera por mí estarías muriéndote de hambre"—, que no critiquen al padre no residente —"si tu papá fuera responsable, tu madre no tendría que trabajar"—, y que entiendan que sus hijos no tienen que vivir en su casa toda la vida. Es decir, que permitan que se marchen, cuando llegue el momento, sin chantajes. Básicamente, les diría que cuando menos lean el capítulo cinco y de preferencia todo el libro, pues ellos serán durante un tiempo una segunda madre o un segundo padre para sus nietos. *Los abuelos y los padres tienen que actuar siempre ante el niño como un frente común.*

¿Qué pasa con los hijos tras el divorcio?

El dato principal obtenido por la doctora Mavis Hetherington después de muchos años de investigación es: *80 por ciento de los hijos de padres divorciados a la larga se adaptan a su nueva vida y se vuelven individuos razonablemente bien adaptados.*

"Un subgrupo de chicas incluso se vuelven excepcionalmente competentes como resultado de haber tenido que enfrentar los retos del divorcio, gozan de un desarrollo normal y se convierten en jóvenes adultas verdaderamente sobresalientes."

20 por ciento de los hijos de padres divorciados —contra diez por ciento de hijos de padres no divorciados— caen en la categoría de problemáticos y presentan comportamiento impulsivo, irresponsable, antisocial o están deprimidos. En algunos casos este comportamiento declina conforme maduran.

¿Y qué sucede con el otro 80 por ciento? Aunque no son exactamente el Nuevo Hombre o la Nueva Mujer que predijeron quienes apoyaban la revolución del divorcio, se comportaban como se supone que los jóvenes adultos se comportan. Estaban eligiendo carreras profesionales, desarrollando relaciones permanentes, ocupándose capazmente de las tareas primordiales de la juventud y estableciendo una vida adulta.

Iban del rango de los que estaban notablemente bien adaptados, a los que tenían algunos problemas pero los enfrentaban de razonablemente bien a muy bien.

Finalmente, para los padres divorciados, los padres vueltos a casar y para sus hijos, debe ser reconfortante el descubrimiento de que, por cada joven —varón o mujer— que emergió de la vida familiar posnuclear con problemas, otros cuatro estaban funcionando razonablemente bien o excepcionalmente bien.[10]

Efectos positivos del divorcio

El divorcio también tiene ciertas ventajas. La principal de ellas es que abre muchas oportunidades que no se habrían presentado si hubieras seguido en tu matrimonio. A la larga, para los hijos un divorcio bien manejado, *siempre* es mejor que un matrimonio conflictivo, problemático y violento.

Algunas ventajas que presenta el divorcio, son:

Tu casa va a estar más callada y más tranquila.

Ya no caminarás sobre cáscaras de huevo, cuidándote de lo que haces, de lo que dices y hasta de lo que piensas.

Ya no aguantarás los gritos y las peleas constantes.

Tu hogar se convierte en un refugio.

Ya no tienes que aguantar que te estén criticando y lastimando.

---

[10] E. Mavis Hetherington y John Kelly, *op.cit.,* p. 79.

Las relaciones familiares se van a simplificar, no vas a tener que lidiar con una familia política, que a lo mejor ni siquiera te caía bien.

Vas a tener más tiempo de cuidarte a ti mismo y de desarrollar intereses personales. ("El matrimonio es algo que consume toda tu mente." Henrik Ibsen.)

Vas a tener la oportunidad de reencontrarte con amistades importantes para ti.

Y toda una gama de posibilidades que estaban dormidas, de pronto aparecen —como poder ver la tele en medio de la cama, hasta la hora que quieras y con el control en la mano.

Un pequeño cuento

Hace algunos años escuché un cuento zen que me gustaría compartir contigo para cerrar el libro. Lo cuento como lo recuerdo: un maestro y su joven alumno caminaban cierta noche por las montañas.

Hacía frío y no tenían dónde dormir. A lo lejos, divisaron una pequeña casa y se acercaron para pedir posada. Se encontraron con un matrimonio con cinco hijos; eran tan pobres que sólo pudieron ofrecerles un lugar dónde dormir.

—¿Pero cómo hacen para sobrevivir?— preguntó el alumno.

—Verá —dijo la mujer— tenemos una vaca enferma y flaca y alimentamos a nuestros hijos con su leche. Fuera de eso, dependemos de la caridad de los vecinos.

Conmovido, el alumno pasó la noche en la miserable casa y les dejó a sus habitantes la comida y el dinero que llevaba.

Al día siguiente, el maestro y el alumno tomaron camino de regreso al monasterio. Allí, el maestro le dijo al joven:

—Mañana quiero que vayas a la casa en la que estuvimos anoche y desbarranques a la vaca sin que nadie se dé cuenta.

—Pero maestro —dijo el joven sorprendido—, si yo mato a la vaca, esa pobre gente morirá de hambre.

—Es necesario que lo hagas si es que quieres llegar a monje— respondió el maestro y dio por terminada la conversación.

El joven, triste y agobiado, se dirigió entonces hacia la casa y cuando oscureció, empujó a la vaca por el precipicio y salió huyendo.

Al poco tiempo, el muchacho fue asignado a otro monasterio para continuar su educación. Con el paso de los años, ya convertido en monje, el joven regresó a visitar a su antiguo maestro. Mientras caminaba hacia el monasterio, recordó a la pobre familia y fue a investigar qué había pasado con ella.

Dio varias vueltas pero no pudo encontrar la vieja casucha: dónde había estado, ahora había una linda casa, un granero y vastos campos sembrados de trigo. Arrepentido por lo que hiciera años antes, el joven monje decidió preguntar por el paradero de la pobre familia.

Llamó a la puerta de la hermosa casa y le abrió una mujer que en cuanto lo vio se echó a llorar y lo colmó de bendiciones.

—Creí que jamás volvería a verlo— le dijo besándole la mano— . No sé como agradecerle...

—¿Agradecerme qué?— preguntó el monje sin reconocer a la mujer.

—¿Recuerda aquella noche en que usted y su maestro nos pidieron hospedaje? Pues a la noche siguiente sucedió algo muy extraño: nuestra vaca cayó por el precipicio y murió. Al verla muerta, mi marido y yo no supimos qué hacer y nos pusimos muy tristes. Sin embargo, como no teníamos nada que darles de comer a los niños y no podíamos vivir exclusivamente de la caridad, decidimos sembrar trigo. Ahora nosotros vendemos trigo y hacemos pan, como podrá ver, nuestra vida ha mejorado considerablemente. De haber sabido que la muerte de la vaca nos iba a traer tantas ventajas, la habría matado con mis propias manos.

Ahí termina el cuento; el mensaje es que muchas veces las oportunidades se presentan disfrazadas de tragedias y depende de cada quién el saberlas aprovechar o no. "Las personas no son peones pasivos del destino, arrastrados por derroteros destructivos o satisfactorios tras un divorcio. Las personas juegan un rol activo en construir su nueva vida, tomando opciones, planeando a futuro, desarrollando nuevas habilidades, usando y buscando recursos disponibles. Aquellos que se regodean en la indefensión, la autoconmiseración y la inacción, se quedan siempre atrás."

Un divorcio supone muchas pérdidas pero también abre muchas ventanas de oportunidad. De hecho, dos años después de haber comenzado su estudio, la doctora Mavis Hetherington descubrió que:

> ...el grupo más grande y más exitoso estaba compuesto por hombres y mujeres que habían aceptado la ventana del cambio. Quienes cambiaron exitosamente no sólo hablaban de 'mejorar su vida'; trabajaron y se sacrificaron para mejorarla, regresaron a la escuela, y si ello requería vivir con uno de sus padres, se mudaron; si la madre en cuestión era difícil, aprendieron a llevarse con ella. Exploraron y probaron todos los recursos que tenían a su disposición.[11]

---

[11] E. Mavis Hetherington y John Kelly, *op. cit.,* pp. 64 y 277.

Los cambios, cualesquiera que sean, generan mucho miedo en las personas. Todos tenemos miedo a lo desconocido, a lo inesperado y a lo imprevisto; sin embargo, el cambio también es fuente de oportunidad y de crecimiento. Ten fe en lo que vendrá y confía en ti. Esto que estás viviendo es un proceso que a la larga te permitirá descubrir aspectos de tu personalidad, habilidades y posibilidades que desconocías. Quizá descubras que eras más fuerte o más valiente de lo que pensabas, mejor madre o padre de lo que creías o más hábil para los negocios de lo que suponías. La primera etapa de un proceso de divorcio es difícil, sin duda. Pero también es una etapa de siembra y de esperanza. Si decidiste divorciarte has probado ser valiente: son muchas las personas que, por miedo, pasan el resto de su vida con una persona a la que ya no aman y con la que no quieren estar. Felicítate por tu valentía y por tus logros. Y adelante...

Cómo ayudar a los hijos de padres divorciados
se terminó de imprimir en septiembre de 2003,
en Litográfica Ingramex, S.A. de C.V. Centeno
No. 162, col. Granjas Esmeralda, C.P. 09810,
México, D.F.